Alexandra Reinwarth

Am Arsch vorbei geht auch ein Weg

Für den Haushalt

Am Arsch vorbei geht auch ein Weg

Wie sich dein Leben verbessert, wenn du dich endlich locker machst

Für den Haushalt

Alexandra Reinwarth

mvgverlag

Bibliografische Information der Deutschen Nationalbibliothek
Die Deutsche Nationalbibliothek verzeichnet diese Publikation in der Deutschen Nationalbibliografie. Detaillierte bibliografische Daten sind im Internet über http://dnb.d-nb.de abrufbar.

Für Fragen und Anregungen:
info@mvg-verlag.de

Originalausgabe
1. Auflage 2018

Nymphenburger Straße 86
D-80636 München
Tel.: 089 651285-0
Fax: 089 652096

Redaktion: Petra Holzmann
Umschlaggestaltung: Laura Osswald
Umschlagabbildung: amnat11/Shutterstock.com, Borja Andreu/Shutterstock.com
Satz: Carsten Klein, Torgau
Druck: CPI books GmbH, Leck
Printed in Germany

ISBN Print 978-3-86882-839-9
ISBN E-Book (PDF) 978-3-96121-074-9
ISBN E-Book (EPUB, Mobi) 978-3-96121-073-2

INHALT

DAS BISSCHEN HAUSHALT …

… geht halt so überhaupt nicht von allein. Um nicht zu sagen, manchmal geht er gar nicht. Schon allein deswegen, weil man außer haushalten ja noch jede Menge andere Dinge zu tun hat: arbeiten, schlafen und essen zum Beispiel – und da ist *»aus dem Fenster starren«* und *»auf dem Sofa liegen«* noch gar nicht mit eingerechnet.

Haushalt ist irgendwie so eine Sache, die muss *neben* allen anderen Dingen passieren. Also neben dem Bemühen um die eigene Karriere, der Aufzucht eines oder mehrerer Kinder, neben den Besuchen bei Oma und dem Abliefern des Autos beim TÜV, neben dem Sport, damit man nicht völlig aus dem Leim geht, und dem Kinoabend mit dem Liebsten, weil Zeit zu zweit so wichtig ist. – Und haben Sie schon Ihre Steuererklärung gemacht? Irgendwo zwischen all diesen Dingen und Hunderten anderen mehr sitzt der Haushalt, grinst sich eins und platziert hier und da noch ein paar Wollmäuse mehr, weil: Ätsch.

Je nachdem, welche Priorität man diesem Haushalt einräumt, bleiben diese Mäuse erst mal vor Ort und vermehren sich – oder es wird nichts mit dem auf dem Sofa liegen oder dem Besuch bei der Oma oder beidem.

Was für eine Generation vorher (zumindest für viele Frauen davon) ein Fulltime-Job war, ist für die heutige Generation, besonders für die Frauen, immer noch ein Fulltime-Job, nur dass oben drauf eben noch ein Fulltime-Job kommt, nämlich der, für den man wenigstens Geld bekommt. Überraschung: Oft klappt das gar nicht so gut, einfach weil sich proportional die Zeit, die man zur Verfügung hat, nicht verdoppelt hat. Die Unterstützung durch den zuständigen Lebensgefährten hat zwar auch zugenommen, in vernünftigen Fällen macht sie sogar die Hälfte aus (und in einigen Fällen auch mehr), aber oft steht der Hilfe durch den Lebenspartner eine scheinbar angeborene Sehschwäche in Sachen Wollmäusen im Weg.

Generell macht diese Haushalts-Sache eine wundersame Wandlung durch: Wenn man nämlich das erste Mal von zu Hause aus- und in die erste Studentenbutze oder in ein anderes Loch einzieht, gründet man zwar de facto den ersten Haushalt, hat aber überhaupt keinen Stress damit (zumindest wenn man nicht in eine WG einzieht). Zum einen, weil das Ganze selten größer ist als ein handelsüblicher Hamsterkäfig und zum anderen, weil einem diese Wollmäuse-Sache gar nicht so auffällt. In dem Alter hat man nämlich noch die Tomaten auf den Augen, die den eigenen Eltern so auf die Nerven gegangen sind, als es um das Zimmer-Aufräumen ging. Wer vorher in seinem Kinderzimmer lediglich den Weg von der Tür zum Bett freigehalten hat, während der Rest des Bodenbelags seit Jahren kein Tageslicht mehr zu sehen bekommen hat, dem fällt erst auf, dass es so etwas wie einen Haushalt gibt, wenn wirklich gar kein sauberes Glas mehr zu finden ist. Und auch kein sauberer Not-Eierbecher, ich weiß, wovon ich spreche.

Je mehr Jahre und Quadratmeter dann ins Land gehen, desto größer wird diese Haushalts-Sache und dann stehen Sie da, in Ihrer Dreizimmerwohnung oder dem Einfamilienhaus mit Gartenanteil, und der Kreislauf des Lebens erschließt sich Ihnen, wenn Sie einen Blick in das Kinderzimmer Ihres Nachwuchses werfen …

HAUSHALT UND PARTNERSCHAFT

Das Thema Haushalt beinhaltet in einer Beziehung die Sprengkraft von ungefähr zwei bis drei Wasserstoffbomben. Machen wir uns nichts vor: Es ist zusammen mit seinem Kumpel »Geld« verantwortlich für die größten Kriege, die in Partnerschaften ausgetragen werden. Dabei ist zu Beginn noch alles so entspannt: Frisch verliebt ist jede liegen gelassene Socke ein Teil von IHM; während sie spült, trocknet er ab und huscht ihr einen Kuss in den Nacken. »Du Schuft«, Gekicher, und es ist toll.

Bis dann der Moment kommt, in dem zum ersten Mal mit den Augen gerollt wird. Bald darauf folgen die ersten Sätze, die mit »Nie« oder »Immer« anfangen:

Nie machst du dieses und *immer* machst du jenes und überhaupt, warum kannst du nicht *ein Mal* … etc. Sie kennen das vermutlich. Zugegeben, meist kommen diese Sätze von Frauen, ABER EBEN, WEIL ER *NIE* ODER *IMMER* DIESES ODER JENES MACHT – ich werde emotional …

Tatsächlich gibt es selbstverständlich den Fall, in dem der zuständige Partner ganz von alleine und ohne Aufforderung seinen Teil im Haushalt erledigt, zuverlässig und gründlich – mir ist ein solches Exemplar nur noch nicht untergekommen. In der Regel einigt man sich ja auf eine gewisse Gewaltenteilung: Er bringt das Auto zum TÜV und sie wäscht, staubsaugt, überzieht die Betten, kauft ein, kocht, wischt, fegt, staubt ab, bringt die Sachen in die Reinigung, gießt die Pflanzen, putzt das Bad und bügelt. Klingt fair, oder? Findet mein ansonsten reizender Lebensgefährte L. auch. Überraschung: Ich nicht.

Ich weiß auch gar nicht, wie das passieren konnte, den Rest der Emanzipation habe ich ja auch einigermaßen hinbekommen– trotzdem sind wir in die klassische Rollenverteilung gepurzelt. Genügend emanzipiert, dass ein Unrechtsbewusstsein entwickelt wurde, aber anscheinend nicht genügend, dass L. selbstverständlich den Staubwedel schwingt.

Auch mein Vorschlag, ich übernehme die Sache mit dem TÜV im Tausch gegen den Rest, wurde abgelehnt. Man kann sich eine Zeit lang einreden, dass das schon o.k. sei, zumindest so lange, bis man im Angesicht der nächsten Socke, die auf dem Fußboden liegt, tomatenrot anläuft und Schaum vor dem Mund entwickelt. Man kann auch den Rat von Fachleuten beherzigen, die vorschlagen, man soll sich wochenweise abwechseln oder auslosen, wer was machen muss. Von der Sache mit dem Auslosen kann ich guten Gewissens abraten: Zum einen kommt man sich wahnsinnig dämlich vor, wenn man »*Klo putzen*« und »*staubsaugen*« und Ähnliches auf kleine Zettelchen schreibt, und dann ist die Situation ja auch noch völlig anders als beim richtigen Losen: Man kann nichts gewinnen, sondern zieht immer den Zonk. Es gibt quasi nur Zonks …

Anschließend fängt das Feilschen an:

»Ich tausche das Kloputzen gegen zweimal staubsaugen!«

»Nur, wenn du auch die Betten beziehst!«

»Dann muss ich aber auch heute nicht mehr mit dem Hund raus!«

So geht das dann hin und her und am Ende blickt keiner mehr durch, wer was machen sollte, und es endet in Rangeleien.

Auch von der Sache mit dem »wochenweise« Abwechseln kann ich abraten: Am Ende macht dann einer die ganze Woche nichts und die andere badet es die darauf folgende Woche aus. Das ist dann zwar irgendwie aufgeteilt, aber eben nicht sehr gerecht.

Ein weiterer Expertenrat, den man getrost verwerfen kann, ist, die Sachen aufzuschreiben, zum Beispiel an eine Tafel in der Küche: Wenn man da zu Beginn noch schreibt: »*Liebes, auf dem Sofa sind noch Chipskrümel*«, ändert sich die Ausdrucksweise bei stetem Nichtbeachten in so etwas wie »*Chipskrümel auf dem Sofa!*« und endet in Sätzen, die ein »*Wenn nicht…, dann …*« enthalten. Der Clou ist: Wer die

Chipskrümel auf dem Sofa nicht bemerkt, bemerkt auch keinen der vorher angeschriebenen Sätze auf einer Küchentafel, und damit ist der ganze schöne Ratschlag für die Katz'. Selbst wenn man dem Liebsten den Arm auf den Rücken dreht und ihm das Versprechen abringt, die Bude zu wienern, und das dann auch tatsächlich passiert, folgt daraufhin die klassische Szene, in der sie in eine Ecke oder auf das Regal guckt und sagt:

»Aber hier hast du nicht/nicht richtig sauber gemacht!«, woraufhin er sagt, von Ecken oder Regalen wäre nie die Rede gewesen. Es ist wie bei dem traditionellen Reinigungskraft-Problem: nur dass man nicht sauber macht, bevor sie kommt, sondern sauber macht, nachdem er fertig ist. Das geht dann wenigstens beiden auf die Nerven …

Bestimmt ist das bei anderen Paaren anders, aber bei uns hat es schon lange genug gedauert, bis das mit dem »gemeinsamen Kochen« nicht mehr in handfesten Diskussionen endete, wie lange man die einen Dingsbumse kocht und welche die einzige, allgemein gültige Methode ist, die anderen Dingsbumse zu schneiden. Ob nun Steinpilze in die Bolognese gehören (unter gar keinen Umständen!) oder Karotten (auf jeden Fall!) und wie mit den Spaghetti zu verfahren ist (nicht abschrecken!), jeder von uns wusste das ganz genau und in der Regel widersprach dieses Wissen diametral dem Wissen des anderen. »Lass mich mal« und »Warte, ich mach nur schnell« waren oft der Auftakt zu einem unschönen Reigen vor dem Herd. Das einzig

Gute daran ist: Wenn es hinterher nicht so schmeckt wie gedacht, ist immer der andere schuld: »Ich habe ja gesagt, dass …«

Mit Argwohn betrachte ich in Film und Fernsehen Paare, die einträchtig zusammen Pizza belegen, denn ich erinnere mich noch zu genau an den ‚Anchovis-Vorfall' von 2013 … Zu meinem eigenen Vorteil ist das mit der Küche inzwischen geklärt: L. kocht und ich öffne derweil Wein, decke den Tisch und gehe ihm mit meinen Ratschlägen auf die Nerven. Da ist die Wahrscheinlichkeit, dass das Ergebnis schmeckt, höher als andersherum. Alles andere blieb ein Desaster, aber wenigstens nicht nur bei uns – alle in meinem Freundes- und Bekanntenkreis haben auch mit dem Haushalt zu kämpfen und es ist noch nicht raus, wer gewinnt.

Mit zunehmendem Alter vermeiden immer mehr Leute, die ich kenne, diesen Kampf, indem sie jemanden bezahlen, der diesen Kampf für sie führt: die Reinigungskraft. Das Verhältnis zu selbiger macht dabei immer eine ähnliche Entwicklung durch: Zu Beginn ist es etwas schambehaftet und wenn man den Freunden erzählt, dass jetzt »die Irina« kommt und bei einem sauber macht, erwähnt man unbedingt noch, warum man das zeitmäßig selbst nicht gebacken bekommt. Dann schiebt man noch einige Details zu Irina hinterher – wo sie herkommt, was sie macht etc., so wird der Eindruck erweckt, dass man sich für den Menschen hinter der Reinigungskraft interessiert.

Bevor sie kommt, wird aufgeräumt, damit es nicht ganz so unangenehm ist, und das Geld wird auf den Tisch oder die Kommode gelegt, denn es direkt zu übergeben, ist irgendwie komisch. Mit der Zeit entspannt sich das Verhältnis etwas und man kommt zu der Überzeugung, dass der Deal Putzen gegen Geld schon ok ist und man sich nicht blöd vorkommen muss. Und schlussendlich erwischt man sich dabei, wie man mit Freunden, die ebenfalls eine Reinigungskraft beschäftigen, darüber lästert, dass Irina IMMER alles woandershin räumt und NIE an seinen Platz. Da sind sie wieder, die Worte NIE und IMMER, aber da man mit Irina nicht beziehungsmäßig verbunden ist, richten sie hier keinen so großen Schaden an. Bei mir zu Hause gibt es leider, leider (und noch mal leider) keine Irina, und zwar aus dem einfachen Grund, weil ich zu Hause arbeite und dabei würde sie mich stören. L. und ich müssen es also irgendwie hinbekommen. Das Kind können wir leider viel weniger in diese Haushaltssache mit einbeziehen als erhofft, denn wie sich herausgestellt hat, sind Vierjährige diesbezüglich zu nichts zu gebrauchen. Im Gegenteil.

Dass wir es so lange so überaus schlecht hinbekamen, lag an drei Dingen:

1. An L.
2. Daran, dass ich in meinem Kopf und meinem Rechts- beziehungsweise Unrechtsbewusstsein die Vorstellung

hatte, dass diese ganze Haushaltssache fifty-fifty geteilt werden musste.

3. Eine Art selektive Sehschwäche – L. sieht Sachen nicht: Er sieht nicht, dass dort Wäsche liegt, hier Wollmäuse spielen und dort die Krümel die Weltherrschaft übernehmen wollen. Er findet ja noch nicht mal die Butter im Kühlschrank ...

Obwohl L. zwar dem Prinzip zustimmte, dass wir den Haushalt fifty-fifty teilen müssten, blieb es wegen Punkt 3 oft bei »im Prinzip« und Prinzipien schwingen nun mal keinen Wischmopp. Eine folgenschwere Schlussfolgerung, die ich irrtümlicherweise zog, war, dass L.'s kontinuierliches Raushalten aus Haushaltsdingen nicht hieß:

Ich habe eine selektive Sehschwäche, was Staub, Wäsche und Krümel angeht, sondern:

Du bist mir total egal und unsere Beziehung auch.

Das stellte sich, Gott sei Dank, als falsch heraus. Diese Einsicht machte vieles besser. Die zweite Einsicht, die vieles besser machte, war: Fifty-fifty ist Quark.

»Worauf es ankommt, ist doch, dass beide zufrieden sind«, fasste meine Freundin Jana recht gut zusammen, und damit hatte sie natürlich recht. »Ich bin aber nicht zufrieden«, maulte ich, und wieder war es meine kluge

Jana, die den schlauen Satz sagte: »Was wäre denn nötig, damit du zufrieden bist? Also außer L. am Stirnlappen zu operieren, damit er sich ändert?« Und da fing ich zum ersten Mal an zu überlegen, was es für Möglichkeiten gäbe, diese schreiende Ungerechtigkeit irgendwie auszugleichen.

Es gibt nämlich außer dem Saubermachen noch eine ganze Reihe von Dingen, die erledigt werden müssen und die ich genauso wenig gerne mache:

- Mit dem Hund die Hunderunde gehen, damit er kackt, und das warme Häufchen dann in einem umgestülpten Plastiksäckchen entsorgen
- Die Steuererklärung
- Alles, was mit Geld zu tun hat
- Alles, was mit den Vermietern zu tun hat
- Kauf, Installation und Instandhaltung von Elektrogeräten aller Art
- Die Beschaffung von Lebensmitteln in Supermärkten
- Die Administration von Webseite und Telefonverträgen
- Alles aus der Erlebniswelt Fahrrad und Auto, insbesondere Luft- und Reifendinge, sowie im Fall Auto Inspektion und Motorölgedöns
- Die Kommunikation mit Versicherungen, Telefonanbietern und Krankenkassen sowie allen Institutionen, die Geld haben, beziehungsweise nicht zahlen wollen

»Wenn L. all das alleine machen würde, wärst du dann zufrieden?«, unterbricht Jana meinen Sermon und ich denke kurz an die Warteschleife der Telekom, in der ich gestern eine halbe Stunde lang »Für Elise« gehört habe. »Oh Yes!«

Und so haben wir es dann gemacht. Das ist besser als Zettelchen losen, glauben Sie mir.

MARIE KONDO

Marie Kondo ist eine japanische Beraterin in Sachen Aufräumen. Sie hat außerdem drei Bücher darüber geschrieben (Ja, über Aufräumen), die weltweit über sieben Millionen Mal verkauft wurden. Falls Sie diese Bücher nicht kennen: Im ersten Band geht es im Wesentlichen darum, wie das richtige Zusammenlegen von Socken Ihr Leben verändert – also im positiven Sinn. Der zweite Band beschäftigt sich damit, wie es möglichst aufgeräumt bleibt, und der dritte ist eine Schritt-für-Schritt-Anleitung, falls Sie das mit dem Zusammenlegen nicht hinbekommen. Wikipedia weiß, dass der Nachname Kondo im Englischen inzwischen zu einem Verb geworden ist: *kondo* heißt dort *einen Schrank aufräumen*. Wenn es mein Name zum Verb schaffen würde – was würde wohl reinwarthen dann bedeuten? *Einen Wäscheberg ignorieren*?

Falls Sie einen Hauch Sarkasmus zwischen diesen Zeilen zu vernehmen meinen: Sie hören richtig. Ich halte nichts von dieser Aufräumhysterie, sie ist mir ein Rätsel. Also ich kann verstehen, dass Frau Kondo in Japan ganz groß rauskommt mit dem Organisieren von Zeug. Einfach deswegen, weil eine japanische Wohnung durchschnittlich 16 Quadratmeter groß ist, und wenn Sie da Ihre Socken falsch zusammenlegen, ist mal eben ein Zehntel Ihrer Wohnung mit Strümpfen belegt. Daher kommt auch der andere weise Ratschlag, der in diesen Büchern auf mehreren hundert Seiten ausgewalzt wird: Man soll einfach alles wegwerfen, was nicht unbedingt nötig ist. Ein Wunder, dass man das den Japanern in den 16 Quadratmetern Wohnungen sagen muss – ich meine, wie stelle ich mir das vor? Die quetschen sich alle durch schlauchähnliche Mini-Apartments voll mit Gerümpel und plötzlich sagt eine: »Hey! Ich glaube, wir wären viel besser dran ohne das Gerümpel!« und alle: »Boah! Das ist DIE Idee!«

Das Konzept ist so unfassbar erfolgreich, dass die Bücher in alle möglichen Sprachen übersetzt wurden, und deswegen steht dann Elke Hutzel in Rosenheim im Keller ihrer Doppelhaushälfte und schmeißt das Geschirr von Oma weg.

Das Gute daran: Danach ist so viel Platz im Keller, dass eine vierköpfige japanische Familie drin unterkommen könnte. Das Blöde daran: das Geschirr von Oma ist weg.

Im Ernst – selbstverständlich ist es ratsam, alten Müll wegzuschmeißen. Wenn man das nicht tut, wird man nämlich zu einem Fall, über den später mal die BILD berichtet und zwar nichts Gutes. Deswegen muss man aber auch nicht hysterisch werden und ein halbes Leben an Erinnerungsstücken in die Tonne kloppen. Wenn ich mich zu Hause umsehe, gibt es dort jede Menge Dinge, von denen ich mich im Angesicht einer 16 Quadratmeter-Wohnung trennen würde:

- Viele, viele Bücher, die ich noch nie gelesen habe oder, was wahrscheinlicher ist, die ich zwar schon mal gelesen habe, an deren Inhalt ich mich aber nicht erinnern kann. Trotzdem warte ich noch auf diesen Moment in meinem Leben, in dem ich auf dem Sofa sitze und mir denke: *Jetzt ist der perfekte Zeitpunkt, um »Das Versprechen« von Dürrenmatt zu lesen.* Ob der jemals kommt – keine Ahnung, aber das ist noch kein Grund, den armen Friedrich zu entsorgen. Eventuell hält der große Erkenntnisse für mich bereit ...
- Das vollkommen durchsichtige, bodenlange, rote Tüllkleid mit den Pailletten. Zugegeben, die Anlässe, zu denen man das tragen kann, sind eingeschränkt: Es müsste eine Art Fantasy-Prinzessinnen-Event in einem Puff sein und dann wäre es fraglich, ob ich dort hingehen würde, aber das Leben hält ja die eigenartigsten Überraschungen für einen bereit.
- Die grasgrünen Weingläser, die zwar schön sind, in die aber bedeutend weniger hineinpasst, als ich mir das von einem Weinglas wünsche, und auch wenn ich mir nicht vorstellen kann, dass sich meine Vorliebe dahingehend irgendwann ändert – vielleicht hat mein Hausarzt da

irgendwann ein Mitspracherecht ...

- Die alten CDs, die ich ganz hinten aufbewahre, weil sie mir peinlich sind, die aber auf einer Peinliche-Hits-der-80er-Party noch mal ganz groß rauskommen ...
- Die Tütchen mit irgendwelchen Gewürzen oder Kräutern in der Küche, von denen ich keine Ahnung habe, wie sie heißen, und die irgendwann jemand aus Versehen rauchen wird, in der Annahme, es handelt sich um Marihuana ...

... ich könnte ewig so weitermachen. Im Grunde sind all diese Dinge total überflüssig und zu nichts nütze. Sie stören mich aber auch nicht und ich finde die Vorstellung ganz schön, dass die Möglichkeit besteht, dass ich irgendwann in meinem roten Tüllkleid auf dem Sofa eines Puffs sitze, an dem grasgrünen Weinglas nippe und bekifft aus Dürrenmatts »Das Versprechen« rezitiere, während im Hintergrund Hits der 80er ertönen. Wann immer es mich nach dieser Situation gelüsten sollte: Ich bin gewappnet.

Tatsächlich gelüstet es mich eher, Zeug von L. wegzuschmeißen: alte Medaillen von längst vergangenen Marathonläufen und eine Kiste mit Ladekabeln, die kein Mensch mehr braucht, weil die Apparate, die sie laden können, seit den 90ern nicht mehr existieren. Werkzeug, das nie benutzt wird, weil man damit nur Wäschemangeln und Morseapparate reparieren kann, und wir haben keins von beiden, oder die kleinkarierten Hemden, die er nie anzieht und selbst schrecklich findet. Das würde ich gerne alles entsorgen, darf es aber nicht – und die Situation, in der er das alles mal brauchen kann, sprengt sogar meine Vorstellungskraft – und ich bin die mit dem Dürrenmatt auf dem Puff-Sofa.

Nach diesen lebhaften Einblicken in unser Zuhause können Sie sich vermutlich denken, wie unsere Sockenschubladen aussehen. Nur so viel: Frau Kondo bekäme einen Nervenzusammenbruch. Befolgte ich den Plan von Frau Kondo, den sie die »KonMari«-Methode nennt, müsste ich mir für jeden Raum überlegen, was ich dort tun will und wie es dort aussehen soll. Zum Beispiel »Nach der Arbeit einen Tee trinken« oder »vor dem Schlafengehen Yoga machen«, danach richtet sich dann die Ausstattung. Das klingt logisch, aber in meinem Wohnzimmer wird zum Beispiel auch Playmobil gespielt, und die Ausstattung dafür entspricht mit Sicherheit keinem Ordnungskonzept. Außerdem besagt die Methode, man soll seine Ideen auf Papier bringen – und da hört es doch auf. Ich setze mich doch nicht hin und schreibe einen Plan, wie ich mein Wohnzimmer aufräume! In der Zeit habe ich das Wohnzimmer nämlich aufgeräumt. Noch nicht mal der Ratschlag, man möge vor dem Sortieren und Räumen das komplette Regal leeren, um dann nach Prioritäten zu ordnen, geht mir ein: Da hockt man doch in Nullkommanichts auf dem Boden und blättert durch all die Schätze, die einem dabei so durch die Finger wandern – und hast du nicht gesehen, ist es abends und der Partner wundert sich, warum man selig zwischen einem Berg Bücher oder Klamotten sitzt, während das Regal hinter einem leer ist. Jeder dieser Ratschläge ist für mein Empfinden Käse. Auch die Empfehlung, Vorher- Nachher-Fotos zu machen, um Fortschritte festzuhalten und sich zu motivieren. Im Ernst: Wenn ich anfange, Vorher-Nachher-Fotos vom Inhalt meiner Küchenschubladen oder meinem Schrank zu machen, um mich zu motivieren, möge man mich bitte, bitte erschießen.

Mit Aufräumen und Aussortieren alleine ist es auch gar nicht getan: Die KonMari-Methode sagt einem auch gleich, WIE die verbleibenden Habseligkeiten verstaut werden müssen … Klamotten zum Beispiel sollten mit einer bestimmten Falttechnik zu Rechtecken gefaltet werden und aufrecht aufbewahrt werden. Sobald ich anfange, meine Unterhosen zu Rechtecken zu falten, um sie stehend in Schubladen zu räumen, möge man mich bitte … Sie wissen schon. Am interessantesten an dieser ganzen Sache um die KonMari-Methode finde ich, dass ihre Erfinderin Marie Kondo sagt, sie sei schon als Kind eine Aufräumfanatikerin gewesen und habe als Teenager ihre Ordnungsbesessenheit über die Jahre perfektioniert. Ich denke, wir sind uns einig: Die hatte einfach schon immer einen an der Klatsche.

DAS SCHMUTZEMPFINDEN

Das Schmutzempfinden, also der Grad an Verschmutzung, den man gut und gerne aushalten kann, ist so individuell wie zum Beispiel das Vermögen Volksmusik auszuhalten: Entweder ist das groß, mittel oder klein, so wie alle Abstufungen dazwischen. Mein persönliches Vermögen, Volksmusik auszuhalten, ist sehr begrenzt bis so gut wie nicht vorhanden. Ich bin sozusagen volksmusik-intolerant. In Sachen Schmutz hingegen kann ich viel aushalten. Es gibt sogar Schmutz, an den habe ich mich gewöhnt wie an einen Einrichtungsgegenstand – den sehe ich gar nicht mehr! Schmutz, der sich verhält wie ein Chamäleon in einem Terrarium im Zoo: Es ist da, hat sich aber irgendwie so gut in das Gesamtbild eingefügt, dass es mit dem bloßen Auge nicht zu erkennen ist. Bis dann eine Freundin den Korkenzieher sucht, in der Küchenschublade kramt und so etwas sagt wie: »Alex, frühstückst du über der geöffneten Schublade oder warum sind da so viele Krümel drin?« Obwohl ich die Schublade jeden Tag öffne, sehe ich die Krümel nicht mehr – und nein, ich frühstücke nicht über der geöffneten Küchenschublade. Oder man steht mit dem Vermieter vor der Dunstabzugshaube in der Küche, die statt abzusaugen lieber auspustet und dabei fällt einem zum ersten Mal auf, dass sich darauf eine wirklich unschöne Schicht gebildet hat – die zuvor völlig unsichtbar war!

Bei mir zu Hause gibt es jede Menge blinde Flecken, die sich unter meinem Radar hinweg ducken (einzig übertroffen von L.'s blinden Flecken, die eine durchgehende Fläche bilden). Das Lustige ist: Das funktioniert nur bei mir zu Hause! Sobald ich zum Beispiel in einem Hotel ankomme, das im Bereich Sauberkeit auch mal ein Auge zudrückt, ziehe ich in den Krieg. In fremden Bädern erkenne ich eine einzelne Schimmelspore auf mehrere Meter Entfernung – und ich bin kurzsichtig. Diese Erfahrung stimmt mich auch L. gegenüber etwas milder, ich sehe also bei uns zu Hause auch nicht alles. In fremden Räumen ist man oft etwas empfindlicher – einfach, weil fremder Dreck mehr auffällt als eigener. Außerdem ist fremder Dreck immer ungefähr tausendmal ekliger als eigener …

Das eigene Schmutzempfinden ist also abhängig von der Umgebung und manchmal sogar von der Stimmungslage: Wenn die mies ist, sieht es bei uns irgendwie immer schlimmer aus als sonst. Nicht verwunderlich also, dass wenn das eigene Empfinden schon solchen Schwankungen unterworfen ist, sich ebenjenes von dem der anderen deutlich unterscheidet. Was bei dem einen gerade noch so durchgeht, ist für den anderen ein Indiz für totale Verwahrlosung. Schön zu beobachten ist das bei der intellektuell höchst anspruchsvollen Fernsehsendung *Frauentausch*. Das ist ja mein persönlicher Alptraum – ich habe tatsächlich einmal davon geträumt: In dem Traum machte ich aus ungeklärten Gründen bei dieser Sendung mit und in dem Moment, in dem ich die moderne, picobello gepflegte Wohnung betrat, in die ich zum Tausch kam, wurde mir klar: Die Assi-Tante in dieser Folge bin ich!

Meine Freundin Anne zum Beispiel ist immer dreimal ordentlicher als ich. In ihrem Schlafzimmer liegen keine Klamotten über dem Stuhl in der Ecke, keine undefinierbaren Plastikteile und Kleingeld und Busfahrkarten auf der Kommode und das Bett ist auch gemacht. Keine Ahnung, wie sie das hinbekommt. Ist Anne bei mir, kann sie sich nur mit Mühe zurückhalten mein Bett aufzuschütteln, und ich bemerke sehr wohl, dass sie, wenn sie ein Glas Wasser aus der Küche holt, »mal eben« über die Arbeitsplatte wischt. Annes Schmutzempfinden ist feiner justiert als meines.

Die gute Jana hingegen ist ein Ferkel erster Güte: Bei ihr zu Hause bin ich schon mal am Küchenfußboden festgeklebt. Ob die Sonne scheint oder nicht, ist in Janas Wohnung nicht gut zu erkennen, weil sie die Fenster noch nie geputzt hat (»Das macht der Regen«) und das wird auch nicht passieren, solange man noch Nacht und Tag unterscheiden kann. Ich meide das Badezimmer, und in Janas Kühlschrank befinden sich Dinge, die eine eigene Art darstellen und vermutlich bald Intelligenz entwickeln. »Altes Ferkel«, sagt Anne jedes Mal, wenn sie Janas Kühlschrank öffnet und dann immer irgendetwas wegwirft, dessen Haltbarkeitsdatum im 18. Jahrhundert abgelaufen ist und sich heftig wehrt.

Die Einzigen, die Jana in dieser Hinsicht übertreffen, sind die Assi-Tanten aus *Frauentausch* (obwohl …) und Teenager. Bei denen ist irgendwas im Vorderhirn noch nicht zusammengewachsen, das direkt mit dem Schmutzempfinden zusammenhängt. Nur Teenager können zwischen leeren Chipstüten, vergammelten Bananenschalen und alten Socken auf ihrem Bett liegen und einen verständnislos ansehen, wenn man darüber seinen Unmut äußert. Wenn alles gut läuft, verwächst diese Sache im Vorderhirn irgendwann wie von der Natur geplant und das Schmutzempfinden entwickelt sich dann ganz von selbst. Bei Jana ist da jedenfalls irgendwas schiefgelaufen und vor dem Zusammenwachsen abgestorben. Aber hey – dafür ist sie lustig und loyal und hat ein großes Herz und das ist doch immer noch tausendmal besser als eine Arschgeige mit einem Putzfimmel.

Dieser kleine Umweg über die Lieben und ihr Schmutzempfinden macht den Blick etwas sanfter auf die Mitmenschen generell und deren Saustall – und wenn es optimal läuft, sogar auf den eigenen Saustall zu Hause.

ANSPRUCH, WUNSCH UND MACHBARKEIT

Ein liebevoller Blick auf den eigenen Saustall ist unbedingt notwendig, wenn man sich nicht in den Wahnsinn treiben will. Ganz ehrlich: So, wie man gerne hätte, dass es bei einem zu Hause aussieht, und so, wie es tatsächlich bei einem zu Hause aussieht, hat doch in der Regel nichts miteinander zu tun. Oder nur in Teilen …

Ein simples Beispiel: Ich habe wahnsinnig gerne frische Blumen auf dem Tisch. Das funktioniert auch, zumindest ein paar Tage lang, nämlich wenn ich gerade welche gekauft habe. Dann lassen die Blümchen langsam die Köpfe hängen und anschließend liegen um die Vase herum abgefallene Blütenblätter, bis das ganze Gebinde schließlich im Todeskampf liegt und diesen schlussendlich und wenig überraschend verliert. Die Leichen stehen dann da noch ein paar Tage herum. Insgesamt steht die Zeit, in der ich frische Blumen auf dem Tisch habe, im Vergleich zu der Zeit, in der ich ein halb- bis verwelktes Gebinde auf dem Tisch stehen habe, in keinem ausgeglichenen Verhältnis.

Warum ich das Elend nicht schon entsorge, wenn Stufe 1, nämlich Köpfe-Hängen-Lassen, beginnt – nun, dann ...:

- ... habe ich just gerade keine Zeit.
- ... ist der Müll voll.
- ... habe ich keine Hand frei.
- ... will das Kind gerade was.
- ... muss ich los.
- (und der Klassiker:) ... habe ich keinen Bock.

An diesem zugegeben depperten Beispiel Schnittblumen sehen Sie, wie Anspruch, Wunsch und Machbarkeit auseinanderdriften. Und das Prinzip können Sie fast eins zu eins auf die gesamte Wohnung übertragen!

Ich hätte nämlich auch wahnsinnig gerne die Kommode im Eingang nicht voll Zeug: Sonnenbrillenetuis, Schlüssel, Postkarten, Busfahrkarten, Piratenaufkleber, einzelne Kaugummis, ein Feuerzeug, ein kleiner Kaktus, der sich noch ans Leben klammert, und ein paar Kugelschreiber … ein Potpourri an Dingen, von denen man nicht weiß, wohin damit. Lieber hätte ich eine saubere, weiße Fläche mit einer hübschen Grünpflanze und sonst – nichts. Eine Marie-Kondo-Kommode sozusagen. Was soll ich sagen – immer, wenn ich diese Kommode ansehe und mir denke, ich müsste hier mal angreifen,

- ... habe ich just gerade keine Zeit.
- ... ist der Müll voll.
- ... habe ich keine Hand frei.
- ... will das Kind gerade was.
- ... muss ich los.
- (oder:) ... habe ich keinen Bock.

So geht es dahin. Das gleiche Programm läuft, wenn ich einen Blick in den Kleiderschrank werfe, in dem nicht nur nichts nach Farben oder aufrecht stehend geordnet ist, sondern in dem es aussieht, als hätte jemand aus einem Meter Entfernung einen Haufen Klamotten dort hinein geworfen. Ebenso vor der Bücherregalwand, in der ich zwar irgendwann mal eine Art Ordnung nach Kategorien angelegt habe, deren noch verfügbarer Platz in den Regalfächern allerdings gar nichts damit zu tun hat, ob neue Bücher nun in diese oder jene Kategorie geordnet werden müssen – also werden sie liegend auf andere Bücher gestapelt.

Ähnlich geht es in den Küchenschränken zu, in denen L. ein System zur Aufbewahrung von Küchengeräten, Backutensilien und Tupperdosen entwickelt hat, das nur er versteht – und auch da bin ich mir nicht sicher. Wissen Sie, was ich letztens aus einer Schublade gezogen habe? Eine Presse, mit der man Kartoffeln in mikroskopisch dünne Fäden pressen kann, um daraus dann Klöße zu formen. Es gab noch nie selbst gepresste Klöße bei uns zu Hause! Aber ich weiß genau, warum wir dieses Gerät noch lange unser Eigen nennen werden: Wenn ich L. bitte, dieses Chaos in Ordnung zu bringen,

- ... hat er just gerade keine Zeit.
- ... ist der Müll voll.
- ... hat er keine Hand frei.
- ... will das Kind gerade was.
- ... muss er los.
- (oder:) ... hat er keinen Bock.

Und so geht es von Raum zu Raum, durch den Keller mit den alten Skisachen, die gut in ein Museum passen würden, über die Garage mit ihrer Ecke, in der sich Sachen stapeln, die man schon so gut wie ausgemistet hat, aber »den letzten Schritt« scheut, bis in den Garten, wo diese Sammlung aus kaputten Tontöpfen und halbleeren Blumenerde-Säcken steht sowie ein Solarlicht, das es mal total günstig bei Lidl gab und dessen Effekt man sich irgendwie anders vorgestellt hat.

Jede dieser Stellen (das Badezimmerregal habe ich noch nicht mal erwähnt, ich sage nur: Pröbchen und Make-up-Reste!) sieht in meiner Vorstellung ganz anders aus. Der Clou ist: Sobald man sich ein Herz fasst und Stelle 1, sagen wir, just das Badezimmerregal von einem Friedhof für Tübchen und Döschen zu etwas gemacht hat, das bei »Schöner Wohnen« erscheinen könnte, versinken die Stellen 2 bis 50 weiterhin im Chaos …

Es ist praktisch unmöglich, all diese Baustellen gleichzeitig in einem Meister-Propper-artigen Zustand zu halten, zumindest in meiner Welt. Das ist ungefähr so, als würde ein Jongleur immer alle Bälle gleichzeitig in der Luft halten. Einmal habe ich das hinbekommen, also nicht das Jonglieren, sondern diese Meister-Propper-Sache: In einem Anfall von Frühjahrsputz und Langeweile in Kombination mit einem langen Wochenende habe ich alle Stellen der gesamten Wohnung angegriffen und besiegt. Es sah toll aus, wirklich. Bis abends L. und das Kind und der Hund heimkamen und das normale Leben wieder losging. Und Plopp! … sah es innerhalb kürzester Zeit wieder aus wie vorher. Überraschung: Ich versuche das nicht mehr. Wenn man nämlich versucht, alle Bälle gleichzeitig in der Luft zu halten, ist man wahnsinnig gestresst, kann nirgends anders mehr hingucken, schafft es vielleicht nicht und ist dann nur frustriert. Ich mache es jetzt so wie die Stadt mit der Sanierung des Doms: Man beginnt an einer Seite, und bis man sich bis nach vorne durchgearbeitet hat, kann man direkt hinten wieder anfangen. Es ist ein Kreislauf, ohne den Anspruch, jemals komplett »fertig« zu sein. Mit dieser Idee im Kopf geht es eigentlich, denke ich, und blicke kurz in Richtung Eingang, wo neben besagter Kommode ein Kinderroller steht, verschieden lange Stöcke aus dem Park, die das Kind als wertvoll erachtet, alte Turnschuhe von L., meine eigene Kollektion, ein Fahrradhelm, ein

Regenschirm, eine Tüte mit Altpapier, ein Skateboard, ein Kindergartenrucksack und ein Tyrannosaurus Rex von Schleich.

INSTAGRAM UND PINTEREST

Instagram und Pinterest sind die natürlichen Feinde des Selbstwertgefühls, und zwar in allen Bereichen. Egal, ob es dabei um Ihr Aussehen geht, um Ihre Wohnung oder Ihr Haus, um Ihren Job, Ihren Urlaub, Ihre Ernährung, Ihre Beziehung oder Ihr Kind. Scheißegal, an welchen Lebensbereich Sie denken: Auf Instagram und Pinterest sehen ALLE besser aus als Sie, haben eine schönere Wohnung als Sie, arbeiten mit dem Laptop vom Strand aus, essen hübsch drapiertes Obst, bekommen niedliche Ich-liebe-dich-Zettelchen von ihrem Partner und haben Kinder, die unfassbar niedlich aussehen und zwar in unfassbar niedlichen Klamotten in unfassbar niedlichen Kinderzimmern.

Instagram und Pinterest sind so etwas wie digital gewordene Selbstkasteiung – und Selbstkasteiung ist scheiße. Wenn man zu einer Zeit groß geworden ist, in der Fotos noch gemacht wurden, um Erinnerungen festzuhalten um sie sich irgendwann wieder ansehen zu können, ist das Phänomen, Fotos zu machen, um anderen zu zeigen, wie man sich selbst inszeniert, manchmal etwas befremdlich. Eine Krise nach der anderen könnte man bekommen, wenn man sich ansieht, wie das Leben der anderen so aussieht – und sich anschließend fragt, warum eigentlich das eigene Leben nicht so aussieht. Schon kommt man ins Wanken und es können so Gedanken aufploppen wie: *Und wenn ich hier eine Pflanze … und dort ein Körbchen … und dazu ein paar Ethno-Kissen…? Und warum habe ich eigentlich keine Accessoires in Goldfarben?* Und schon sind Sie mittendrin: Willkommen in der Hölle.

Ich will Ihnen aber nichts ein- oder ausreden, versuchen Sie es ruhig. Versuchen Sie, alles, was Sie auf Instagram oder Pinterest sehen und was Ihnen gefällt, zu realisieren – ich hab das auch gemacht. Nur von allem, was handwerklichen Einsatz erfordert, rate ich ab, sofern das nicht zufällig Ihr Spezialgebiet ist. Wegen der grün-moosigen Wand im Schlafzimmer … Das war mein Versuch, diese raffinierte Schwammtechnik anzuwenden, die auf den Bildern so toll aussah: verschiedene Grüntöne, die ineinander übergehen, patiniert, als wäre es frei gelegte Farbe aus dem 18. Jahrhundert. Davor eine alte Lampe und eine (da ist sie wieder) Palme, und das Ganze sieht Wahnsinn aus. Meine Wand, an die ich viele Stunden lang hingetupft, gerieben und gewischt habe, sieht allerdings entweder aus wie von Moos oder von Grünschimmel befallen, da sind wir uns nicht ganz einig. Verlegen Sie sich lieber auf Dinge, die käuflich erworben werden können.

In meine Wohnung sind goldene Accessoires in Form von Kerzenständern und Eierbechern eingezogen, Palmen und geflochtene Körbe aus irgendeiner stinkenden Naturfaser, ein neuer Kunstdruck für die Wand und ein paar schöne, weiße, alte Emaille-Büchsen für die Küche, auf denen in geschwungener Schrift *Kaffee* steht und *Zucker* und *Salz*, mit passender Brotdose. Wussten Sie eigentlich, dass Brot in Brotdosen aus Emaille viermal schneller schimmelt als in jedem anderen Behältnis? Jedenfalls: All diese schönen Dinge wurden von unserem heimischen Chaos aufgesogen wie von einem Schwamm und gingen darin unter. Sie sind de facto nicht mehr zu sehen. Also wenn man genau hinsieht, natürlich schon, aber trotz all dieser schönen Dinge sieht es doch ganz anders aus, als ich mir das vorgestellt habe – einfach weil ich in meiner Vorstellung den ganzen vorhandenen Kram nicht mit bedacht habe. Dieser gehäkelte Blauwal im Kinderzimmer in lichtgrau zum Beispiel, der sieht so schön aus und chic – zwischen den Playmobilrittern, dem Gummiskorpion und den halb verbrauchten Filzstiften und – was ist das – Knetereste? Sie verstehen, was ich meine?

Einen recht beruhigenden Einblick in die Instagram- und Pinterestwelt habe ich dank einer befreundeten Bloggerin bekommen, die ihr Geld damit verdient, dass sie über ihren Alltag zu Hause in ihrem Bungalow mit ihren zwei Kindern berichtet (und Werbung für irgendwelches Zeug macht). Im Wesentlichen geht es um so Dinge wie »Wir backen zusammen Bananabread ohne Zucker« oder »Regenspaziergang mit den süßen Mäusen« und solche Sachen, also jetzt spannungsmäßig eher so mittel – aber wenn Sie deren Fotos auf dem Blog so ansehen, wollen Sie direkt auch zwei Kinder. Und einen Bungalow – auch wenn Sie dafür Bananabread ohne Zucker backen müssen. Da gibt es zum Beispiel ein Foto, da sitzt das kleinere Kind im pastellfarbenen Pluderhöschen in seiner Vintage-Wiege aus Bambus und nuckelt an einem Kuscheltuch (auch Vintage), während die dreijährige Schwester barfuß im Kleidchen danebensteht, einen niedlichen Gänseblümchen-Blumenkranz im Haar und einen Palmzweig in der Hand hat und sich für ein Küsschen zu dem Kleinen beugt. Klingt jetzt kitschig, ist es auch, aber eben auch wahnsinnig niedlich. Die Wiege steht vor einer ebenfalls pastellfarbenen Wand und auf einem weiß gestrichenen Holzboden und das Foto ist – perfekt. Das wird dann im Blog veröffentlicht, auf Instagram und facebook verlinkt und die zuständige Mama weiß vorher schon ziemlich genau: »Das gibt ungefähr fünfzehntausend.« Damit meint sie *Likes*, das ist nämlich die Währung, um die es hier geht. Ob das nun die feine englische Art ist, mit den kids Geld zu verdienen, darüber lässt sich streiten, aber darum geht es hier nicht. Es geht darum, was die Welt sieht (das Foto) und das, was ich an dem Tag, als ich sie zu Hause besucht habe, gesehen habe:

Die pastellfarbene Wand und den weißen Holzboden gibt es wirklich, sie befinden sich allerdings nicht im Kinderzimmer, sondern im Wohnzimmer und das sieht aus wie Sau, weil nämlich alles, was an dieser Wand vorher stand, in den Raum gerückt wurde. Also steht an der Wand nur die Vintage-Wiege aus Bambus, drum herum nichts und ab dem Rand des Fotos: Chaos. Ein Berg Kinderklamotten, Palmzweige, Accessoires in Form von Vintage-Stofftieren und 60er-Jahre-Spielzeug und: Süßigkeiten. Mit irgendwas muss nämlich das Schwesterchen bestochen werden, damit sie:

a) das Kleid anzieht,
b) sich die Gänseblümchen nicht vom Kopf reißt und
c) mit dem Palmzweig nicht auf das Baby eindrischt.

Ich habe eine gestresste Mutter gesehen, in Zuhause-Klamotten, und zwar nicht in den hübschen Yoga-Zuhause-Klamotten, die sie auf Fotos anhat, in denen sie angeblich mit einer Tasse Tee auf dem Sofa entspannt … und mit einem zerzausten Dutt, der ebenfalls in nichts der nach oben drapierten Frisur gleicht, aus der dekorativ ein paar Strähnen gelöst wurden für das Sofa-Zuhause-Foto. Ich habe professionelles Foto-Equipment gesehen, wie das Wohnzimmer im Chaos versinkt und wie sich eine Schüssel voller Gänseblümchen über die gesamte Wohnfläche verteilt, wenn zwei Kinder sie entdecken. Und ich habe das echte Kinderzimmer gesehen, komplett mit Playmobilrittern, Gummiskorpion, halb verbrauchten Filzstiften und Kneteresten. Seit ich das gesehen habe, entsteht in meinem Kopf immer so ein Rahmen aus Chaos, sobald ich Fotos von perfekten Wohnräumen zu Gesicht bekomme. - Das ist extrem beruhigend. Die anderen bekommen es auch nicht hin, glauben Sie mir.

SCHLECHTES GEWISSEN

Weil die anderen es auch nicht hinbekommen, muss man kein schlechtes Gewissen haben, wenn man es selbst nicht schafft. Geschweige denn den Anspruch an sich zu haben, das hinzubekommen. Schlechtes Gewissen ist immer an diesen Vergleich geknüpft. Das Lustige ist: Wir vergleichen immer nur in die Richtung, in der andere besser sind. So gut wie nie denken wir: *Ach schau, das habe ich ja mal wieder großartig hinbekommen!* Stattdessen heißt es: *XY bekommt das im Gegensatz zu mir einwandfrei hin – und ganz muhelos!*

A. sieht immer aus wie aus dem Ei gepellt.
B. ist irre erfolgreich im Job – UND hat zwei kleine Kinder!
C. kann irre gut kochen und klöppelt auch noch die Tischdeko selbst (und hat überhaupt so etwas wie Tischdeko!).
D.'s Kinder sind höflich, gut in der Schule und haben Klamotten ohne Flecken an – DIE AUCH NOCH ZUEINANDER PASSEN!
E. spricht vier Sprachen fließend und hat stets einen jahreszeitlich passenden, selbst gemachten Kranz an der Tür hängen, den die Familie gemeinsam gestaltet hat.

F. bastelt mit ihren Kindern Dinge aus Salzteig, Ton, Gips und Pappmaché – die man ERKENNEN kann!
G. näht die Kleider ihrer Tochter selber, und die sehen auch noch wahnsinnig niedlich aus.
H. bäckt Bio-Kürbis-Dingsbums-Brot.
Und I. hat vor ihrem Haus ein immer blühendes Blumenbeet angelegt, das aussieht wie das Deckblatt aus »Mein Garten«.

Nur Sie, meine Liebe, bekommen das alles nicht hin. Sie sitzen in Ihrer Jogginghose mit Chips und Netflix auf dem Sofa, zu essen gab es wieder diese mit Steinpilzen gefüllten Nudeln aus dem Kühlregal vom Supermarkt und in Ihrem Garten blühen lediglich die Maulwürfe – dahinter eine Thujenhecke, die auch schon mal bessere Zeiten gesehen hat. Sie sind schon froh, wenn die Brut am Leben ist und nur minimal müffelt, und basteln können Sie vermutlich auch nicht, Sie Null.
Diese Vergleiche mit den Personen A. bis I. – und da können Sie noch das ganze Alphabet vervollständigen – sind müßig. Wir sehen ja immer nur einen ganz kleinen Ausschnitt eines Menschen, und zwar oftmals just den, der von diesem Menschen vorgezeigt wird. Das ist wie das Instagram-Kinder-Foto: in der Mitte ein beneidenswertes Motiv und drum herum geht die Welt unter.

A. zum Beispiel sieht zwar immer aus wie aus dem Ei gepellt, rennt dafür aber auch viermal die Woche ins Fitnessstudio und hasst es.

Außerdem hat sie eine Essstörung und versucht krampfhaft, die vor ihrer Familie zu verstecken.
B. ist zwar irre erfolgreich und hat zwei kleine Kinder, hat aber jeden Respekt vor ihrem Mann verloren, weil der beruflich gar nichts gebacken kriegt und generell eher der gemütliche Typ ist, weswegen sie auch keinen Sex mehr haben, seit die Kinder da sind.
Und dass C. mit der geklöppelten Tischdeko ein Problem hat, das muss wohl nicht extra betont werden.
D. hat wahnsinnig dünne Nerven und schreit oft ihre Kinder an.
E. leidet so sehr unter ihrem Perfektionismus, dass sie zwei Magengeschwüre ihr Eigen nennen kann.
F. muss Privatinsolvenz anmelden, weil die Idee, sich mit Salzteig-Türschildern selbstständig zu machen, nicht so funzt wie gedacht.
G. hat mit Depressionen zu kämpfen, dabei hilft ihr manchmal die Zeit vor der Nähmaschine aus dem Loch heraus.
Und wegen H.: Seien wir ehrlich: Bio-Kürbis-Dingsbums-Brot schmeckt Ihnen eh nicht. Und I. mit ihren Blumenbeeten müssen sie schon gar nicht beneiden, die hat nämlich außer den Beeten auch noch eine Erbkrankheit, die keiner haben möchte.
Oder wie meine Oma immer gesagt hat: »Unter jedem Dach ein Ach!«

Wir neigen dazu, bei anderen immer nur diesen tollen Ausschnitt zu sehen, bei uns hingegen konzentrieren wir uns viel zu oft auf die Defizite. Vielleicht haben deswegen Assi-Programme im Fernsehen so einen Erfolg: Da bekommt es endlich mal jemand noch schlechter hin als man selbst. Was wir ganz hervorragend hinbekommen, halten wir viel zu oft für selbstverständlich, die Löcher im Käse aber, die stechen ins Auge wie schwarze Löcher. Da ist eine die liebevollste und geduldigste Mutter, die man sich vorstellen kann, der tolle Spiele einfallen und die mit ihren Kindern viel unternimmt, sich Geschichten ausdenkt und die tollsten Geburtstagspartys ausrichtet – und sie hat permanent ein schlechtes Gewissen, weil es zu Hause aussieht wie Sau und sie mit ihrem langweiligen 15-Stunden-Job fast kein Geld verdient. Andersherum geht die Dokumentarfilmerin in ihrem Job auf, ist erfolgreich und bekommt einen Preis nach dem anderen und wälzt sich nachts schlaflos herum, weil ihre Kinder sie zu selten zu Gesicht bekommen. Wir sollten uns viel öfter auf die Schulter klopfen – sonst macht es ja keiner. Probieren Sie das mal aus, das ist wirklich schön: Denken Sie an etwas, was Sie gut machen, egal was – ob der Balanceakt zwischen Kind und Job, Tischdeko oder den Freundeskreis-Zusammenhalten – und legen Sie Ihre rechte Hand auf die linke Schulter. Klopfen Sie!

HAUSHALT MIT KIND(ERN)

Ein Haushalt mit Kind(ern) ist so etwas wie das nächste Schwierigkeitslevel im Haushalts-Spiel. Es tun sich plötzlich Baustellen auf, von denen wussten Sie vorher gar nicht, dass sie existieren. Meinen eigenen Berechnungen zufolge vervielfacht ein Kind die Menge X an Hausarbeit um den Faktor eine Million, multipliziert mit der Anzahl der Kinder, die sich in besagtem Haushalt aufhalten.

Als bei uns zu Hause das Kind einzog, war ich schon erstaunt über die Menge von »Zeug«, das sich plötzlich überall verteilte: Windeln und Schnuller, Stillhütchen, Tübchen mit Cremes, Söckchen mit Bärchen und alle möglichen Auswüchse von Tüchern: Mulltücher, Feuchttücher, trockene Tücher und Tücher zum Desinfizieren, Tücher mit Hautpflegezusatz und pH-neutrale Erfrischungstücher und Kuscheltücher. Damals dachte ich, das Gröbste ist vorbei, wenn das Baby mal kein Baby mehr ist. Ich Narr.

Als das Kind dann lernte, sich fortzubewegen, brach das Chaos über uns herein. Ich hatte mich im Vorfeld nicht weiter mit diesem Stadium eines Kindes beschäftigt und auch nicht damit, was diese Bewegungsfreiheit konkret bedeuten würde. Falls Sie auch so eine Spezialistin sind, hier ein paar einfache, aber wichtige Regeln, die ich gelernt habe:

- Bewahren Sie Mehl, Zucker und andere Lebensmittel, die sich großflächig verteilen können, nie in den unteren Regalfächern auf.
- Bewahren Sie eigentlich generell nichts in unteren Regalfächern auf.
- Der Radius, über den ein Kleinkind Milch, Brei und Erbrochenes maximal verteilen kann, ist immer dreißig Zentimeter größer als der Abstand zur nächsten Wand.
- Alles, was in ein Kleinkind oben eingefüllt wird, kann auch oben wieder herauskommen. Auch mit einem zeitlichen Abstand, der einen zunächst in Sicherheit wiegt. Besonders dann.
- Viel von dem, was in das Kleinkind oben eingefüllt wird, kommt unten wieder heraus und zwar vorzugsweise in dem Moment, in dem man die Windel öffnet.
- Pipiflecken gehen aus Seidenblusen und Kaschmirpullis nicht mehr raus.
- Kleinkinder und Tomatensauce sind zwei Dinge, die man nicht zusammenbringen sollte.
- Wenn Kleinkinder sich auf dem Rücken unter Möbel schieben, erwischen sie die Flusen, an die man selbst nie gekommen wäre.

- Die Auffassung des Kleinkinds davon, was Kinderspielzeug ist, hat mit der eigenen Auffassung davon nichts gemein, siehe Stereoanlage, Fernbedienungen, Computer, Laptop, Kabel, Bücherregal und Küchenschublade.

Wenn Sie diese Phase geschafft haben, treten Sie direkt in die nächste Phase ein, in der das Kind zwar mit der Gabel den Mund trifft und Ihre Dinge (meistens) in Ruhe lässt, dafür aber wie ein wild gewordener Mixer ohne Deckel seine eigenen Dinge in der Wohnung verteilt. Dinge, die man oft unvermutet und oft nachts auf dem Weg zum Klo findet, und zwar mit der Fußsohle. Dinge, die mit einem holprigen KLONK im Staubsauger verschwinden, und Dinge, die wie ein sehr wichtiges und unverzichtbares Teil von etwas aussehen, man bekommt aber nicht heraus von was – und wenn doch, mit einem holprigen KLONK im Staubsauger verschwinden.

In dieser Phase befinden wir uns gerade und ich verfluche alle Playmobil-, Lego-, Hot Wheels- und Ninjago-Entwickler, die darauf aus sind, all diese Dinge in unsere Wohnung zu befördern, sowie alle Freunde, Eltern und Familienangehörige, die dem Kind Sachen schenken, auf deren Packung schon steht: Über 50 Teile! Ich hasse euch.

In nicht so weiter Zukunft – ich sehe das in befreundeten Haushalten – ändert sich das. Also nicht die Menge an Zeug, nur die Art von Zeug. Da stolpert man dann weniger über Playmobilritter, dafür über Fußballschuhe … zumindest tritt man die sich nicht so leicht ein. Hausaufgabenhefte, Schulranzen und Knieschoner, Comics, Trinkflaschen und Bälle. Viele Bälle.

Als Nächstes kommt angeblich die Phase, in der sich das Chaos auf das Kinderzimmer konzentriert, das man nur noch nach frenetischem Anklopfen betreten darf, und in der das Kind wenige, dafür wirkungsvolle Dinge in der Wohnung verteilt, wie die erste Flasche Bier, einen Aschenbecher oder ein Tütchen mit komischen Kräutern, und wenn Sie das alles gefunden haben und denken, jetzt überrascht Sie nichts mehr, steht plötzlich morgens ein junges Mädchen oder ein junger Kerl in Ihrem Badezimmer und putzt sich die Zähne. »Hi!«

– Und dann sind sie weg. Und das ist das Aller-aller-Komischste daran: Dass wir uns zu einem Zeitpunkt in die Zeit zurückwünschen, wenn auch nur kurz, in der das Kind noch alle drei Sekunden *MAMAAA!* gerufen hat und ein vergessener Playmobilritter in einer alten Kiste einmal Wehmut auslösen wird.

Darum: Wenn Ihre Kinder Frösche, Grashüpfer und Raupen im Salatfach des Kühlschranks aufbewahren, wenn Sie nachts nur kurz aufs Klo wollen und über ein Batallion Playmobilritter stürzen oder auf ihrem Sofa so kleinkindhandgroße Schokoladenflecken auftauchen: Zeichnen Sie auf Ihrem Lebensstrahl die Zeitspanne ein, in der Ihr Kind diese Dinge tut.

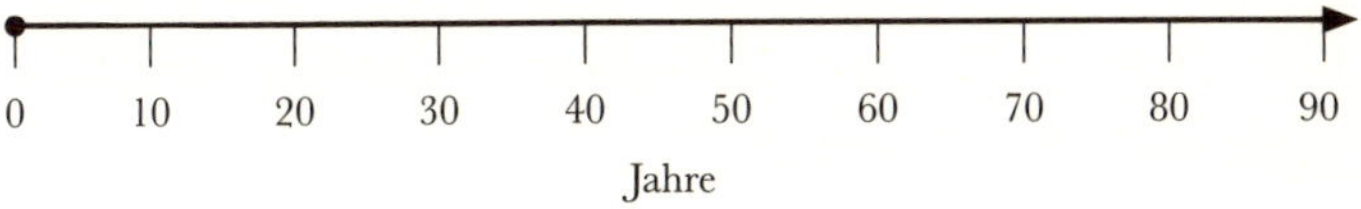

Das ist doch überschaubar, oder? Vorsicht ist lediglich geboten, wenn man geneigt ist, die Verantwortung für Haushaltsangelegenheiten aufrechtzuerhalten, wenn das Kind den eigenen Haushalt verlässt … – Da kann es sonst passieren, dass man wöchentlich eine übel riechende Sporttasche mit Dreckwäsche geliefert bekommt. Dabei sollte es eigentlich anders herum sein, und das Kind sollte ab einem gewissen Alter anfangen, im Haushalt zu helfen. Apropos:

»HILFE« VOM KIND

Seit das Kind vor fünf Jahren bei uns eingezogen ist und eigentlich auch schon die Monate vorher, ist eine ganz große Sorge, die ich habe, dass es nur kein verwöhntes Prinzchen wird. Wenig geht mir mehr gegen den Strich als verwöhnte Bälger, die jeden Wunsch erfüllt bekommen, rundum bedient werden und einen Tobsuchtsanfall bekommen, wenn es nicht so läuft, wie sie wollen. Das mit den Tobsuchtsanfällen habe ich inzwischen relativiert, das scheint so ein Must-have von Kindern zu sein, aber ich bin immer noch wild entschlossen, alles zu tun, damit das Kind kein Prinz wird. Dazu gehört auch, dass es lernt aufzuräumen und zu Hause mitzuhelfen. Wie sich herausgestellt hat, ist dieses Vorhaben bis jetzt ein ziemlicher Schuss ins Knie, denn das Kind hilft zwar mit Freuden im Haushalt – aber ...

Ich hatte im Vorfeld nicht bedacht, dass Kindergartenkinder per se nicht die zuverlässigen Putzteufelchen sind, die ich mir vorgestellt hatte. In meiner Vorstellung bekommt das Kind einen Lappen in die Hand und wischelt mit mir zusammen Staub irgendwo, darf mal was wegstaubsaugen und hilft Besteck und Servietten für das Abendessen auf dem Tisch zu verteilten. Überraschung: Das hat so nicht funktioniert. Das Kind wischelt zwar gerne mit dem Lappen herum, aber nicht Staub weg, sondern Nippes runter. Außerdem ist seiner Meinung nach Wasser nötig, um richtig sauber zu machen, und wir sind uns uneins über die Menge an Wasser, die nötig ist. Das mit dem Staubsauger ging mittelgut, das Kind hat mit Begeisterung allen herunter gefallenen Nippes eingesaugt, und seit wir das mit dem Servietten-und Besteck-zum-Tisch-Bringen eingeführt haben, versucht es sich eben auch daran, alles andere zum Tisch zu bringen und das war es dann mit dem Teppich. Falls Sie auch Ambitionen haben, Ihr Kind im Haushalt helfen zu lassen: Eine Kiste im Kinderzimmer, in die das Kind seine Spielsachen rein räumen kann, DAS ist eine gute Sache. Erst ab vierzehn Jahren ist ein Kind laut Gesetz verpflichtet *»in einer seinen Kräften und seiner Lebensstellung entsprechenden Weise«* im elterlichen Haushalt mitzuhelfen. Der Haken: Man kann das nicht einklagen, und rausschmeißen darf man das Kind auch nicht, falls es sich weigert. Ein ganz anderes Problem ist vor allem die Formulierung *»in einer seinen Kräften und seiner Lebensstellung entsprechenden Weise«*, denn darüber gehen die Vorstellungen vermutlich erheblich auseinander. 3,5 bis 7 Stunden wöchentlich hält der Gesetzgeber für Kinder ab zwölf Jahren schon für zumutbar – und das ist großartig, denn mehr als

7 Wochenstunden mache ich auch nicht – ab zwölf Jahren schmeißt das Kind also den Haushalt alleine! Ich kann mein Glück kaum fassen!

GELD

Ich weiß ja nicht, wie das bei Ihnen zu Hause ist, aber bei uns gibt es permanent Diskussionen ums Geld. Für was es ausgegeben wird und vor allem: für was es nicht ausgegeben wird. Die Vorstellungen in beiden Bereichen klaffen dahingehend gehörig auseinander:

L. würde gerne mehr Geld ausgeben für völlig unnütze Dinge (in der Regel alles, was mit Schaltern, Kabeln oder Batterien zu tun hat und Lärm macht), ich hingegen für vernünftige Dinge, wie Damengarderobe. Das Kind würde außerdem gerne viel mehr Geld ausgeben für Süßigkeiten, hat aber dahingehend nichts zu melden. Es hat ja noch nicht mal welches …

In der Regel werden sich Paare irgendwann einig, wie sie die Geldfrage – zumindest in groben Zügen – handhaben wollen. Um mich herum gibt es fast jedes Modell:

- *Das Drei-Konten-Modell*

Eine total vernünftige Sache, die das ewige Gelddrama dadurch löst, dass jeder sein Konto behält und ein zusätzliches, gemeinsames Konto eröffnet wird, auf das beide einen Festbetrag im Monat einzahlen. Davon gehen dann die Fixkosten weg und der Einkauf im Supermarkt wird davon auch bezahlt. Die möglichen Konfliktpunkte reduzieren sich auf die Situationen, in denen der Liebste das Valentinsgeschenk von diesem Konto bezahlt oder irgendwas mit Schaltern, Kabeln oder Batterien, das er für unverzichtbar hält. Man muss aber auch damit leben, dass der Kontobeteiligte ein Mitspracherecht bei allen Ausgaben hat, es ist ja auch sein Geld. Bei einem befreundeten Paar, das zur Erbsenzählerei neigt, nimmt das komische Auswüchse an: Da wird dann diskutiert, warum sie nicht den Schinken kauft, der im Angebot ist, und er muss sich rechtfertigen, warum es die Milch aus dem Bio-Supermarkt sein muss – und hätte er nicht auch mit dem Bus fahren können, an diesem einen Tag, an dem der Beleg der Taxifahrt auftaucht? Als wenn man nichts anderes zu tun hätte, echt …

- *Das Quittungs-Modell*

Das funktioniert ganz ähnlich wie die Sache mit den drei Konten, aber ohne extra Konto. Stattdessen werden am Ende des Monats alle Ausgaben zusammengerechnet und dann durch zwei geteilt. Für diese Kostenaufstellung sammeln beide den Monat über alle Quittungen, die sie für gemeinsame Anschaffungen bekommen – auch die Quittung für die Sahne, die man noch eben schnell geholt hat, weil keine mehr im Haus war. Wer auch immer die Muße aufbringt, all diese Quittungen zu sammeln, sie nicht zu verlieren und seinen Namen drauf zu schreiben, um am Ende des Monats einen Abend mit zwei Stapel Bons zu verbringen und die Endbeträge in einen Taschenrechner einzutippen: Respekt.

• *Das Einer-zahlt-alles-Modell, auch Arschkarten-Modell*
Eine großartige Sache, die durch ihre Einfachheit besticht.

Bei den meisten Modellen, ausgenommen dem *Arschkarten-Modell*, kommen beide irgendwann zu dem Schluss, dass es nicht nur um die Teilung der gemeinsamen Kosten geht, sondern auch um eine gerechte Teilung. Das hat dann zur Folge, dass derjenige, der mehr verdient, prozentual mehr einzahlt als der andere, und wer daran schon scheitert, hat in einem Sozialstaat nichts verloren.

Für L. und mich funktioniert leider keins der oben genannten Modelle, und auch sonst keins, einfach deswegen, weil wir beide selbstständig sind und unsere Einkommen Schwankungen unterworfen sind, die jeder Beschreibung spotten. Also gibt jeder aus, wie er meint, und zahlt zu den Fixkosten dazu, wie es geht, und bei größeren Anschaffungen wird gefeilscht. Da preisen wir dann voreinander die Vorzüge der einen oder anderen Anschaffung an, wie ein Fischhändler seine Makrelen und irgendwie hat das etwas Folkloristisches. Ich bin fast schon enttäuscht, wenn über eine Anschaffung von Beginn an Einigkeit herrscht: Wo bleibt denn da der Spaß … … … … … …

Ich weiß, andere Leute würde unser Modell in den Wahnsinn treiben und sehr effektiv ist es auch nicht: Wir werden vermutlich für immer den alten Opel fahren, zumindest solange der TÜV noch alle Augen zudrückt, denn der Kampf um die Preisklasse des Nachfolgers wird seit Jahren nicht entschieden. Was finden Männer nur an Autos, das es ihnen völlig unmöglich macht, eine vernünftige Entscheidung zu fällen? Meiner Ansicht nach braucht es ein Auto lediglich, um von A nach B zu kommen – allerdings wirft dann L. mit einem Blick auf meinen Schuhschrank ein, dass man auch in alten Turnschuhen von A nach B kommt ... jedenfalls hoffen wir, dass uns der alte Opel noch lange erhalten bleibt.

Wenn Sie ein Modell praktizieren, das Ihnen verbesserungswürdig erscheint, oder Ihnen gar die Galle hochkochen lässt, wenn Sie daran denken: Suchen Sie sich ein anderes aus – idealerweise nicht das *Arschkarten-Modell.*

BESUCH

Sie haben es vielleicht inzwischen gemerkt: An mir ist keine Putzfee verloren gegangen. Deswegen sieht es bei uns zu Hause auch so aus, wie es aussieht – sagen wir, es sieht so mittel aus. Wenn sich nun Besuch ankündigt, und dieser Besuch nicht meine Mutter, Jana oder Anne oder die Hummel ist, werde ich hektisch. Dann legt sich nämlich irgendein Schalter in meinem Hirn um und es fängt ein Programm an zu laufen, das mit einem Rundblick durch die Wohnung beginnt. Darauf folgt die Feststellung, dass es so mittel aussieht und irgendwie kommt mein Hirn zu dem Schluss, dass »mittel« nicht genügt. Keine Ahnung, was das soll. Ich mag Besuch, wirklich – aber das Aufräumen davor stresst.

Das Absurde ist: Ich finde durchaus, dass man es Wohnungen ansehen darf, dass da Menschen leben. Es gibt doch nichts Ungemütlicheres als so sterile Räume, wo man schon Bedenken hat, sich auf eine Kante des Sofas zu setzen, nicht dass man noch etwas dreckig macht … … Damit es bei mir nicht extra aufgeräumt aussieht, wird auch durchaus eine hingeworfene Tagesdecke auf dem Sofa drappiert, anstatt dass sie dort zusammen geknüllt herumlungert wie sonst, und auch die Zeitungen und Zeitschriften müssen nicht verschwinden, aber werden ebenfalls aufeinander gestapelt.

Wenn ich bei anderen Leuten zu Hause bin, stört mich ein bisschen Chaos überhaupt nicht – gut, Jana ist ein Sonderfall. Aber wenn überall ein bisschen Zeug rumliegt, sich in der Küche der Abwasch stapelt, irgendwo ein Korb mit Wäsche rumsteht oder mal eine Wollmaus wo hervorlugt: Das ist mir scheißegal. Nur eben bei mir nicht.

Frei nach dem Motto »Am Arsch vorbei« (und weil ich ja jeden Scheiß einmal probieren muss) habe ich mich dann auch mal konsequent zurückgehalten, als sich eines sonntags die Schwiegereltern ankündigten, um uns alle und besonders das Kind mal wieder anzugucken. Das heißt, ich habe ich es nicht getan: Ich habe nicht alles Spielzeug zusammen gerafft und ins Kinderzimmer befördert, ich habe nicht »noch mal schnell« durchgewischt, ich habe nicht die Küche aufgeräumt und nicht die Fettspritzer hinter dem Herd weggeputzt, und ich bin eisenhart an dem versprengten Hausschuh vorbeigelaufen, der mitten im Wohnzimmer lag. Ich habe nicht gesaugt, nicht den Staub von der schwarzen Kommode gewischt und nicht all die Kissen und Decken in Formation gebracht, die unser Sofa so bevölkern.

L. übrigens auch nicht. Aber in seinem Fall hatte das weniger mit einem Entschluss zu tun als mit dem völligen

Nicht-Vorhandensein eines Bewusstseins, dass all diese Dinge existieren. Was der entspannendste Besuch des Jahrhunderts werden sollte, artete in puren Stress aus: Bevor sie ankamen, saß ich schon mit Hummeln im Hintern (zugegeben – wenn man einen guten Freund namens Hummel hat, sollte man diesen Ausdruck vielleicht nicht verwenden) auf dem Sofa und zwang mich, nicht unentwegt auf all das zu gucken, das ich *nicht* gemacht hatte. Inklusive dem versprengten Hausschuh, der wie eine Anklage immer noch mitten im Wohnzimmer lag.

Als die Schwiegereltern eintrudelten, wurde es nicht besser. Es wurde schlechter. Lustigerweise hing das aber ausschließlich mit der Person meiner Schwiegermutter zusammen – der Schwiegervater steht seinem Sohn in Sachen Nicht-Vorhandensein eines Bewusstseins, dass all diese Dinge existieren, in nichts nach – (und vielleicht liegt da der Hund begraben). Es war mir die ganze Zeit über unangenehm. Als sie hereinkamen und über die ersten Playmobilritter stolperten, als sie mit in die Küche kamen, um beim Kaffee machen zu helfen (der Herd!) und als wir im Wohnzimmer einer nach dem anderen über den versprengten Hausschuh stiegen, um uns zwischen den Decken und Kissen und Kinderbüchern auf dem Sofa niederzulassen. Man muss der Schwiegermutter zugutehalten, dass sie nicht einen Pieps gesagt hat, und in einer anderen Welt wäre dies ein befreiender Moment gewesen, in dem ich beschlossen hätte, das jetzt immer so zu machen. Tatsächlich aber habe ich in diesem Moment beschlossen, dass es schon ok ist, wenn ich diesem Bedürfnis nachgebe: Ich will einfach nicht, dass Leute, die nicht zu meinen engsten Lieben gehören, mein persönliches Chaos sehen. Es ist mir zu intim! Leute, die bei uns zu Besuch sind, nehmen Einblick in unser kleines Privatleben – darum stört es auch nicht, wenn jemand kommt, der mit dem eigenen Privatleben bestens vertraut ist. Wenn derjenige das aber nicht ist, hat er, im übertragenen Sinne, auch nichts in meinem Tagebuch oder der Unterwäscheschublade zu suchen, und genau so fühlt sich das an. Komisch, nicht? Dass Fettspritzer, Chaos und Wäscheberge etwas Intimes sind?

Abgesehen von der Intimsphäre von Dreck ist ein weiterer Punkt ein eher unschöner: nämlich die Vorstellung, ein Besuch könnte sich denken: »Boah, wie sieht es denn hier aus!« Das wiederum ist ein Gedanke, den kann man sich getrost abgewöhnen, Jana sei unser aller leuchtendes Vorbild. Sofern Sie kein Messie sind und es bei Ihnen so »mittel« aussieht:

1. Besucher empfinden Ihr Heim immer als viel aufgeräumter und sauberer als Sie es selbst sehen.
2. Besucher haben auch ein Heim und wissen, wie es dort aussieht.
3. Wer Sie besucht, ist Ihnen wohlgesonnen (meist) und das liegt an Ihrer Person, daran ändert auch die Wollmaus nichts.

Und überhaupt:

4. Scheiß auf die Meinung von anderen über Ihren Wäschekorb!

WG-HAUSHALT

Aaaaww, WGs. Ich liebe WGs. Zugegeben, mit etwas Abstand betrachtet liebe ich WGs heute etwas mehr als zu der Zeit, in der ich in einer wohnte. Ich meine sogar mich zu erinnern, dass ich sehnlichst darauf gehofft hatte, mir endlich eine eigene Wohnung leisten zu können … …

Aber: In einer WG zu leben, hat enorme Vorteile:

Die Mietkosten werden geteilt! Außerdem ist immer jemand da, wenn einem nach einem Gespräch zumute ist, man findet immer etwas zu essen – auch wenn man nicht einkaufen war, man bekommt durch die verschiedenen Mitbewohner jede Menge Input, irgendjemand kann immer die Klospülung reparieren oder weiß, wie man dieses verdammte Diagramm in eine Excel-Tabelle einfügt. Das Abendessen in der Küche kann unvermutet zu einer Party werden, die bis in den Morgen dauert, man lernt die Freunde von Freunden kennen und da sind immer nette dabei, es etablieren sich Running Gags und jemand kann einen am Telefon verleugnen. Unter Frauen werden Klamotten geliehen und Kosmetika geteilt und wenn man selbst gerade keine Tampons mehr hat, ist das auch kein Problem. Selbstmitleid und Liebeskummer werden durch die Anwesenheit, das Mitgefühl sowie den aufmunternden Spott von Mitbewohnern deutlich begrenzt, und mit anderen Leuten zusammen zu wohnen, schult generell die Fähigkeit, auch mal fünf gerade sein zu lassen.

Und damit wären wir auch schon bei dem Nachteil von WGs: die anderen Leute.

Von denen muss man Miete eintreiben, sie suchen das Gespräch, wenn einem gerade gar nicht danach zumute ist, sie essen einem den Lieblingsjoghurt weg, können die Klospülung nicht reparieren und dann muss man ihnen auch noch erklären, wie das mit der Excel-Tabelle funktioniert. Ein Abendessen wird plötzlich zur Party bis früh morgens, sie laden ständig irgendwelche Freunde ein und Frauen leihen sich mal eben den tollen Mantel aus, ohne zu fragen, und benutzen die gute Mascara – und mopsen einem obendrein die Tampons.

Sie sehen, was ich meine? Je nachdem, ob Sie eine coole Truppe um sich haben, mit der Sie sich wohlfühlen, oder ein paar Arschgeigen, kann es sich so oder so anfühlen. Wenn es aber Ärger in der WG gibt, dann hat das in 99,9 Prozent aller Fälle mit etwas zu tun, das den Haushalt betrifft. Den teilt man sich nämlich, und das muss erst mal gelernt sein.

Wer mit dem Studium anfängt und frisch vom Elternhaus in eine WG zieht, ist als WG-Partner eine potenzielle

Quelle des Unfriedens, denn die wenigsten haben im Elternhaus selbstverantwortlich einen Teil des Haushalts gestemmt. Da gibt es natürlich Abstufungen – unvergessen ist die Meisterin der Ahnungslosigkeit in Sachen Haushalt, eine chilenische Austauschstudentin namens Paz. Paz bestach uns alle durch ihre Herzlichkeit und ihre offene, liebenswürdige Art, und nur dieser Art hat sie es zu verdanken, dass keiner ihrer Mitbewohner sie erwürgt hat. Aber es war knapp. Paz stellte Blechtöpfe in die Mikrowelle, und in der neuen, die wir daraufhin kauften, versuchte sie, eine geschlossene Dose Tomaten zu kochen. Paz hatte daraufhin Mikrowellenverbot, setzte aber ihre Schneise der Verwüstung auf dem Herd fort, indem sie in einem Topf Gemüse kochte und dann das Haus verließ, Plastikschüsseln auf heiße Herdplatten stellte, und was sie mit dem Ofen angestellt hat, dass der die ganze Wohnung zwei Wochen lang mit einem extrem beißenden Geruch verpestete, haben wir bis heute nicht aus ihr herausbekommen. Die Ahnungslosigkeit von Paz in Haushaltsdingen war auf ein äußerst wohlhabendes Elternhaus zurückzuführen, sowie auf die drei Angestellten, die für das Wohlergehen der Familie verantwortlich waren. Das ganze Ausmaß dieser Ahnungslosigkeit wurde uns bewusst, als wir Paz das erste Mal beim Wäsche aufhängen erleben durften: Sie schaufelte alles in der Maschine Befindliche in den Wäschekorb, hob dann den ganzen Haufen feuchter Wäsche auf den Wäscheständer und ließ diesen Haufen dann exakt so dort liegen. Es war ihr schlicht nicht bewusst, dass man die Sachen einzeln aufhängt, sie dachte, der Haufen trocknet einfach so. Und diese Geschichte ist wirklich wahr. Warum wir sie trotz aller Katastrophen, die sie bei uns zu Hause anrichtete, nicht rausschmissen, sondern stattdessen eine Hausratversicherung abschlossen, lag an ihrer wirklich reizenden Art – und ein bisschen daran, dass wir sie wie eine Art Schauspielerin in einem Theaterstück ansahen, das bei uns zu Hause aufgeführt wurde.

Wer hingegen sofort rausflog, war ein Student der Betriebswirtschaft, der alle Lebensmittel, die er kaufte, mit seinem Namen versah. Wenn man den Kühlschrank öffnete, blinkte einem so oft das Wort ROBERT! entgegen, dass man ROBERT! irgendwann nicht mehr sehen konnte. Ich habe im Fernsehen mal eine Folge von *Die Geissens* gesehen, diese Fernsehsendung über die Millionärsfamilie Robert und Carmen Geissen. Als dort die Frau ihren Mann rief, ROBÄÄÄRT!, hatte ich sofort wieder ein schlechtes Gewissen, ich hätte etwas gegessen, was nicht meins war.

Aber jeder hat eben sein eigenes System und jede WG ist ihr eigenes Biotop. Viele WGs versuchen der tendenziellen Verwahrlosung systematisch zu begegnen und erstellen Pläne. So gibt es beispielsweise einen Putzplan, wer wann und wo zu wischen hat, oder die Vorgabe, dass jeder täglich eine gewisse Menge an Zeit zum Wohle der WG aufwenden muss. Ich erinnere mich an Listen, auf denen Minuten aufgeschrieben wurden, die man am Festnetztelefon verbrachte, und Kalender, in denen eingetragen wurde, wer wann den Fernseher in Beschlag nahm, und an Gemeinschaftskassen, aus denen zum Beispiel das Waschmittel gezahlt wurde – gegen Quittung, versteht sich. All diese systematischen Ansätze haben ihre Tücke darin, dass sie nie so genau sind, dass nicht irgendjemand sagen wird: Aber du hast nicht RICHTIG gewischt, die Zeit, die du für die WG aufwendest, musst du anders einsetzen, da hat jemand Minuten vergessen oder was nicht eingetragen – und warum kaufst du nicht das billigere Waschmittel? Und wenn die Pläne doch so genau sind, fühlt man sich wie im Knast. Letztendlich zählt beim Zusammenleben mit Leuten immer, wie gut man akzeptieren kann, dass jeder eine andere Vorstellung von Sauberkeit und Hygiene hat und wie gut die anderen diese Tatsache ebenfalls verinnerlicht haben. Ich sag's mal so: Wenn die Chemie stimmt, ist man geneigter, wohlwollend Kompromisse zu finden. Es sei denn, es handelt sich um Jana, ziehen Sie bloß nicht mit der zusammen.

UNFÄLLE IM HAUSHALT

Die meisten Unfälle passieren im Haushalt!, schießt es mir jedes Mal durch den Kopf, wenn ich einen Stuhl auf den kippeligen, kleinen Tisch stelle, um dort hoch zu klettern und die Glühbirne zu wechseln. Natürlich in den alten Hausschlappen, die an und für sich schon ein Sicherheitsrisiko darstellen.

Ich war mir nicht sicher, ob das mit den Haushaltsunfällen nicht einer von den Sätzen ist, die man mal verinnerlicht hat und die überhaupt nicht stimmen. – Er stimmt aber! Ich habe extra nachgesehen: Jährlich sterben achttausend Menschen wegen Haushaltsunfällen! Das sind mehr als doppelt so viele wie im Straßenverkehr! Die Anzahl der Unfälle im Haushalt schätzt das Robert-Koch-Institut auf 2,8 Millionen im Jahr!

»Siehst du«, wendet sich Jana ab und sucht in ihrer Küche nach einem sauberen Glas. »Na dir passiert schon mal nichts, so viel ist klar«, gebe ich zurück und sehe mir die Statistik genauer an. Der gefährlichste Ort ist demnach die Küche – für Frauen zumindest und vermutlich ist alleine die gute Paz für diese Statistik verantwortlich. Männer verletzen sich hingegen öfter beim Heimwerken und Möbelräumen. Also sie rutschen mit dem Bohrer ab oder es fällt ihnen das Sofa auf den Fuß, das sie hochheben, weil ihre Freundin den Teppich verrutschen will.

Die meisten tödlichen Unfälle, nämlich 80 Prozent, werden durch Stürze verursacht, aber man sollte dazu sagen, dass dafür oft das steigende Durchschnittsalter der Beteiligten verantwortlich ist: Das geht an alle älteren Herrschaften, die mit einem »Klar kann ich das noch« die Kellertreppe runtersteigen – während das Handy, das ihnen die besorgten Angehörigen geschenkt haben, oben auf dem Wohnzimmertisch liegt.

Die zweithäufigste Verletzung sind Schnitt- und Stichwunden, was ich in Erinnerung an viele Zwiebel-schneiden-Finger-erwischt-Erinnerungen sofort glaube, und an dritter Stelle stehen Verbrennungen. Wen das alles nicht umgebracht hat, der hat noch die Möglichkeit, sich an giftigen Säuren, Laugen, Tensiden oder Chlorverbindungen in Form von Putzmitteln oder Schädlingsbekämpfungsmitteln schädlich zu halten (die irgendein Trottel in eine neutrale Flasche umgefüllt hat, weil er den Rest nicht wegschütten wollte). An letzter Stelle steht das Feuer als Unfallursache, das zwar mords was her macht, auch in der gesamten Nachbarschaft, aber relativ selten vorkommt. Bei uns zu Hause ist – toi, toi, toi – bis auf kleinere Schnittverletzungen nichts dergleichen passiert. Gut, einmal war die Feuerwehr da, aber das auch nur, weil ich gekocht habe. Es ging um Röstaromen und unsere Nachbarin ist ein wenig überängstlich, was die Sache mit dem Feuer angeht. Aber sonst nichts. Deswegen befolge ich auch keinen der Ratschläge, die uns die Versicherung in einem freundlichen Schreiben an unseren Haushalt empfohlen hat:

Nutzen Sie eine persönliche Schutzausrüstung, zum Beispiel Helme! WTF, wie stelle ich mir das vor?

»Schatz, wo ist der Helm? Ich muss Zwiebeln schneiden!« oder

»Alex, ich gehe kurz in den Keller, Wasser holen!«

»Warte Schatz, du musst erst noch den Helm anziehen!«

Ist das deren Ernst?

Oder der Rat, Gebrauchsanweisungen zu lesen – hat schon mal irgendjemand von irgendwas eine Gebrauchsanweisung gelesen? Außer die von diesen mehrteiligen Spielzeugen in Überraschungseiern? Eben. Auch der Rat, man solle generell nichts im Haushalt machen, wenn man müde oder unkonzentriert ist, weil in diesem Zustand mehr Unfälle passieren, klingt zwar erst mal logisch – aber demnach hätte ich mich die ersten zwei Jahre mit dem Kind überhaupt nicht zu Hause aufhalten dürfen … …

»Alex, weißt du, wo … …«

»Nicht jetzt! Ich muss mich konzentrieren – ich räume schließlich gerade die Spülmaschine ein!«

Also bitte.

Tatsächlich gibt es lediglich zwei Ratschläge, mit denen sich die meisten Unfälle zu Hause vermeiden lassen:

1. Kaufen Sie nie diese ultrascharfen Messer, die Fleisch, Fisch, Tomaten und Finger durch bloßes Ansehen durchtrennen. Auch nicht als Geschenk und auch nicht, wenn Ihnen sonst nichts einfällt.
2. Passen Sie auf, Herrgott noch mal!

EINFACHE HILFEN

Es gibt Dinge, die sind gleichzeitig total simpel, sie erleichtern einem ungemein das Leben und haben zusätzlich die unschöne Eigenschaft: Sie fallen einem nicht ein. Mein aller-allergrößtes AHA-Erlebnis in Sachen Haushalt ist so simpel, dass es mir fast unangenehm ist, das hier aufzuschreiben, aber vielleicht gibt es irgendeine/n da draußen, der/die diese Erkenntnis genauso großartig findet wie ich:

Wenn man bei sich zu Hause mehr als ein Stockwerk hat, also zum Beispiel einen 1. Stock, der jetzt nicht nur als Speicher zum Abstellen und Vergessen von Zeug benutzt wird, sondern als Wohnraum, dann ist das toll. Wirklich, großartig. Ich habe auch so einen 1. Stock, eine Art Galerie, da ist mein Büro und ich komme mir dort vor wie der King of Currywurst, weil ich über allem throne und L. jederzeit damit drohen kann, ihm von oben auf den Kopf zu spucken. Außerdem gibt es dort oben noch ein Gästezimmer und ein kleines Bad, und der einzige Moment, in dem ich die Galerie im 1. Stock nicht tausendprozentig fantastisch finde, ist der Moment, wenn ich mit dem Staubsaugen unten fertig bin und gegen die Treppe dotze. Denn jetzt muss ich den Staubsauger ausstecken, das Kabel einrollen, und das Ding die Treppen hochtragen, und zwar möglichst, ohne an der Wand entlang zu schrabbeln, auch nicht mit dem verfickten Staubsaugerrohr.

Ist das ein Problem? Nein. Die Situation im Nahen Osten ist Problem. Nervt es mich trotzdem? Jepp. Jedes Mal.

Und dann war es eine Freundin, die mich von genau diesem Moment befreite, indem sie irgendwann nebenbei erwähnte, sie habe sich einen zweiten Staubsauger gekauft. Mir fiel es wie Schuppen aus den Haaren: Wie genial war das denn? Im Leben wäre ich nicht darauf gekommen – kein Mensch braucht zwei Staubsauger für eine normalgroße Dreizimmerwohnung … … aber hey: nie mehr Staubsauger schleppen! Wie toll! Wenn Sie diesen Moment mit der Treppe und dem Staubsauger nicht haben, finden Sie das vermutlich albern, aber wer diesen Moment ebenfalls kennt und hasst: Machen Sie das. Sie freuen sich jedes Mal, wenn er an Ihnen vorüber geht ☺ !

Was kreative Lösungen in Haushaltsdingen angeht, gewinnt den ersten Preis allerdings Holger, ein alter Freund von L. Wenn Sie den zu Hause besuchen und zufällig in seiner Küche vorbeischauen, werden Sie bemerken: Irgendetwas stimmt hier nicht. All die Küchenschränke, Hängeschränke und Regale mit Tassen – fehlen. Es gibt eine kleine Speisekammer, aber ansonsten sieht es so aus, als hätte der gute Holger nichts, was man gemeinhin als

Geschirr bezeichnet. Es gibt eine Kiste mit großen Auflaufformen und Salatschüsseln, aber Teller? Gläser? Tassen? Fehlanzeige. Er hat noch nicht mal eine Besteckschublade irgendwo … … Mindestens ebenso irritierend ist aber, dass es dafür ein Küchengerät doppelt gibt, nämlich die Spülmaschine! Da stehen wirklich zwei identische Spülmaschinen nebeneinander und spätestens wenn man das sieht, fängt man an, intensiv nachzudenken.

Die Auflösung ist ganz einfach: Holger hatte in seiner ersten Studentenbude noch keine Kücheneinrichtung, bekam aber von zwei Freunden deren ausrangierte Spülmaschine geschenkt, woraufhin er eine zum Aufbewahren von Geschirr benutzte und Selbiges nach dem Benutzen in die andere räumte. Beide schloss er an die Wasserversorgung an, sodass ihm immer abwechselnd eine zum Spülen und die andere als Küchenschrank diente. Das System funktionierte so gut – und Holger hatte dadurch den saubersten Küchenschrank der Welt –, dass er es einfach beibehalten hat. Für uns ist das Modell nicht geeignet, wegen zu viel Zeug, aber für alle mit einem kleinen Haushalt ist das eine großartige Idee.

Es gibt noch einen Trick, den ich ganz fantastisch finde, und den habe ich von L. Dabei geht es ums Boden-Wischen. Boden wischen sieht für mich so aus: Ich fülle einen Eimer mit Putzwasser, tauche einen Mopp rein, der wird ausgewrungen und dann wird gewischt. Immer ein Stückchen, dann taucht man den Mopp wieder ein, und so weiter. Das Wasser im Eimer verfärbt sich dreckfarben, der Boden ist feucht und das Kind läuft drüber, so weit so gewohnt. Ich mache die Sache mit dem Boden wischen jetzt schon viele Jahre lang, und immer auf diese Art – musste aber feststellen, dass es viel sauberer war, wenn L. das übernommen hatte. Selbst die hartnäckigsten Flecken waren weg, keine Schliere weit und breit und diese doofen Orangenfitzelchen, die beim Pressen selbiger immer mal wieder auf den Boden spritzen und dort festwachsen, waren auch verschwunden. Gleichzeitig konnte ich mir irgendwie nicht vorstellen, wie L. auf allen Vieren schrubbte wie ein Bekloppter – das war eine Möglichkeit, die ich ausschließen konnte. Ich habe ihm also irgendwann mal zugeschaut und ich staunte nicht schlecht: L. füllt auch einen Eimer mit heißem Putzwasser, aber anstatt anschließend loszuwischeln, stellt er sich an die Türe und schüttet das Ganze mit Verve – Klatsch! – über den gesamten Küchenboden aus. Eine Welle Pinienduft und heißes Wasser flutet die ganze Küche– Klatsch! – noch den Rest in die Ecken, und dann geht L. ins Wohnzimmer und setzt sich an den Computer. – Ich verstand gar nichts.

»Und jetzt wartest du, dass es verdampft, oder was?«

L. sah mich amüsiert an, »Nein, jetzt warte ich, dass das Putzmittel seine Arbeit tut, und dann wische ich den ganzen Schlonz auf.«

Was soll ich sagen – er hat es raus.

MINIMALISMUS

Aaaaah, Minimalismus. Lieben Sie Minimalismus? Ich auch – also im Prinzip. Wie Sie seit dem Thema Marie Kondo wissen, hapert es bei mir ja mit der Umsetzung und eigentlich schon bei dem Willen. Aber die Minimalismus-Bewegung bezieht sich ja nicht nur aufs Ausmisten des Kleiderschranks oder das Entrümpeln des Kellers. Minimalismus ist mehr ein Lifestyle – darunter fällt auch die Art des Konsums und dass man mehr Wasser trinkt und generell gesünder, purer und essenzieller lebt.

Das Zauberwort heißt »reduzieren«, man soll sich besinnen auf die wichtigen Dinge. In den Anleitungen, wie das genau zu bewerkstelligen ist, finden sich dann auch lauter hilfreiche Tipps. Man soll zum Beispiel einmal die Vorratsschränke leer essen. Das ist eine schöne Idee, endlich kommen mal die ganzen angerissenen Nudelpackungen weg, die unzähligen Dosen mit Tomaten und diese ganzen exotischen Dinge, die irgendwann mal im Supermarkt so verlockend ausgesehen haben und zu Hause irgendwie verloren herumstehen: unbekannte Sprossen,

Chimichurri Sauce, getrocknete Dinge, die mal Pilze gewesen sein könnten, und ein Glas mit brauner Paste. Wenn man das alles aufbraucht, hat man plötzlich viel mehr Platz im Küchenregal – man hat aber unter Umständen auch Stress zu Hause, weil es den vierten Tag hintereinander Nudeln mit Tomatensauce und Pilzen gibt. Dann schmeißt man kurz entschlossen einige Dinge weg, zum Beispiel das Glas mit der braunen Paste, und Sie können darauf wetten, dass Sie dann relativ schnell erfahren, was das war, denn nach dem Gesetz von Murphy fragt Ihr Lebensgefährte an einem der folgenden Abende: »Sag mal, wir hatten doch noch von dieser teuren französischen Feigenpaste, die so gut zu Käse passt – weißt du, wo die ist?« Da ploppt dann kurz das Bild auf, wie dieses Glas zusammen mit ein paar alten Flaschen in den Container gewandert ist, und man antwortet »Nein, keine Ahnung, Schatz!« und schwört sich, nicht mehr einfach so undefinierbare Dinge wegzuschmeißen.

Aber die Idee an sich, sich nur mit den nötigen Dingen zu umgeben, gefällt mir trotzdem, das klingt so logisch und gesund, irgendwie. Trotzdem wird unsere Wohnung nie wie ein Geschäft von Apple oder ein Showroom für moderne Küchen aussehen: groß, leer und viel Weiß, dazu irgendwas mit hellem Holz und ein geflochtener Naturfaserkorb mit einer Grünpflanze drin. Die Vorstellung ist zwar toll, vor allem, wenn man über das eigene Chaos zu Hause stolpert, aber ich weiß: Würde ich es jemals und nach viel Einsatz schaffen, dass meine Wohnung so aussieht, ich würde panikartig Kram ranschaffen. Ich liebe leicht chaotische Räume, viel Bunt, viele Pflanzen, viele Bilder, Spiegel, Zeitschriften, die sich zu Türmen stapeln, und diese leichte Überforderung für das Auge, wenn man so ein Zimmer betritt. Der Traum in Weiß und Naturfaser ist zwar ein schöner – aber es ist eben nicht meiner.

Generell ist das Minimalismus-Konzept für Single Haushalte leichter zu realisieren, glaube ich, denn es hat schließlich jedes Familienmitglied seine eigenen Kriterien, nach denen es Dinge in »unbedingt nötig« und »vollkommen nutzlos« einteilt.

Aber es gibt ja noch ganz viele andere Bereiche, in denen man den Minimalismus-Gedanken ausleben kann. Vieles dreht sich natürlich um das Aussortieren: Klamotten, Schmuck, Badezimmerzeug, Lebensmittel, Bücher, Deko und so weiter, aber es gibt auch ein paar andere Tipps:

Mal einen Tag lang kein Make-up tragen, »ganz natürlich« sein, ist so ein Tipp.

Oder einen Tag lang nur frisches Obst und Gemüse essen.

Die meisten dieser Tipps gehen mir gegen den Strich, ich finde sie unpraktisch, unangenehm oder sonst irgendetwas mit *un-* vorne dran.

Wenn man ein paar dieser Minimalismus-Bücher, -Videos und -Artikel durch hat, merkt man, dass es um ein Gesamtbild geht, das irgendwie mit Ästhetik, Umweltbewusstsein, Achtsamkeit und Läuterung zu tun hat. Die meisten Minimalisten berichten von einem unglücklichen Lotterleben, davon, wie sie nichts auf die Reihe bekommen haben, bis in den Tag schliefen und abends auf dem Sofa Serien guckten, umgeben von der CD- und der DVD-Sammlung und ganz viel Kram. Dann, so geht die Geschichte weiter, haben sie die CDs, die DVDs und das meiste von dem Kram weggeschmissen und seitdem flutscht es: Sie sind erfolgreich, schlank, schön und gescheit und vegan.

Es ist eigentlich die gleiche Geschichte, wie sie vor 17 Jahren schon erzählt wurde, nämlich 2001, da kann ich mich erinnern, hieß das Ganze noch »Simplify your life«. Beim Minimalismus ist noch ein bisschen Design und Hipsterzeug und Pinterest dazugekommen, aber im Grunde ist es das Gleiche. Die Firma Manufactum betreibt das Ganze als Einzelhandelsunternehmen und Versandhandel unter dem Motto »*Es gibt sie noch, die guten Dinge*«, und das schon seit 1988.

Die Idee, dass die Umgestaltung des Außen, und hierbei die Reduktion auf wenige, dafür qualitativ hochwertige Dinge, einen Effekt auf das eigene Innere hat, ist nicht neu und klingt nach etwas, dem man ohne Weiteres zustimmen kann – ich auch. Nur mit der Umsetzung hapert es wie gesagt. Es gibt aber etwas, das können sogar wir Minimalismus-Nullen machen, und das entspricht ganz meinen Vorstellungen: Wir können Qualität kaufen. Je nach Einkommen kann es sich dabei um das hochwertige Designersofa handeln oder um den schönen Lamy-Kugelschreiber, bei dem Sie die Mine austauschen können, wenn sie leer ist, anstatt den 50er-Pack Plastik-Einmal-Kugelschreiber, deren Inhalt nach kurzzeitigem Gebrauch Stück für Stück in den Müll wandert. Weniger, dafür besser, das finde ich toll, ich habe nämlich mit den Jahren immer weniger Bock auf Schrott. Keine fünf neuen T-Shirts von H&M, dafür eines, das länger als nur einen Sommer hält. Sie verstehen, was ich meine.

MODEN

Ich hätte das früher nie für möglich gehalten, aber es gibt tatsächlich Moden in Sachen Haushalt. Und was ich früher auch nie für möglich gehalten hätte: Ich renne denen manchmal, ganz ohne es zu bemerken, hinterher. Wie ein Schaf, das anderen Schafen folgt. »Bähhh, das haben die anderen, das will ich auch.«

Die erste Mode, die sich eingeschlichen hat, war die Sache mit dem Rotwein. Als sich die WGs plötzlich in Paar-Haushalte verwandelten, und die Musik nur noch in Zimmerlautstärke lief, ging das los. Da latschte man in alter Tradition ins Bad, um aus der Badewanne mit kaltem Eiswasser ein Bier zu holen – dann war da keins. Und zwar nicht, weil die Kameraden schon alles ausgesoffen hatten, sondern weil die jetzt mit einem langstieligen Glas Wein in der Küche um die Kochinsel standen und über Tannine redeten. Hätte zu denen früher jemand gesagt: »Dieser Wein schmeckt erdig, nach Eicheln und im Abgang nach einem Hauch Trüffel«, dann hätten die mit den Schultern gezuckt und gesagt: »Ja, dann schütt' ihn halt weg.« Und jetzt geht es plötzlich um Tannine, und die Herrschaften dekantieren den Wein, bevor sie ihn trinken ...

Sich mit Rotweinen auszukennen, wurde zu so einer Art Must-have im Freundes- und Bekanntenkreis, ein paar ebenso standhafte wie trotzige Biertrinker ausgenommen. Und ich bin da voll dabei: Ich weiß zwar keine Rebsorten auswendig und auch das Anbaugebiet ist mir schnuppe, aber ich kann ein paar Weine aufsagen, die ich gerne mag, und ich kann sie von anderen unterscheiden – und das ist wahrlich ein weiter Weg vom ersten Tetra Pak Lambrusco bis hierher.

Direkt nach dem Rotwein kam die Nummer mit dem Kaffee, oder? Da drehte irgendetwas durch in der Röstaromenwelt und bescherte uns »Baristas« und Röst-Individualisten, und deren Beschreibungen in Sachen Kaffee schießen den Vogel ab. Ein Berliner Röster sagte im Interview mit der FAZ:

»Für mich ist der ideale Kaffee ein Espresso, süß, malzig, sehr komplex. Ein guter Espresso ist immer eine Mischung, Single Origins sind nur kleine Ausflüge. Die Bitternote soll an Karamell erinnern. Ich denke, Südländer tolerieren generell mehr Bitteraromen als die Menschen im Norden, deren Geschmacksbild eher um Säure kreist. Ich röste dunkler, also etwas länger. Mir geht es immer um Verdichtung, nicht um die Erweiterung von Aromen.«

Und ein Kollege von ihm antwortete auf die Frage, wie der ideale Kaffee schmecken sollte:

»Ein guter Filterkaffee geht saftig über die Zunge. Er ist nicht bitter, und es bleibt nichts hängen. Ich liebe kenianische Kaffees mit richtig Biss, bei denen sich süße und saure Fruchtaromen die Balance halten, von Blaubeere über Kirsche und Tomate bis zu Rhabarber – wie Schmand und Marmelade auf einem Scone.«[1]

Soso. War L. bei der Rotweinsache noch völlig außen vor (siehe standhafte und trotzige Biertrinker), ging er bei dem Kaffee total ab. Ich konnte gerade noch meine alte italienische Schraub-Espressokanne vor dem Tod im Hausmüll bewahren, als eine doppelt gedrechselte, schnick-schnack-chromfarbene Alter-Schwede-Maschine in unsere Küche einzog, die mehr an einen handelsüblichen Kraftwagenmotor erinnert als an eine Espressomaschine. L. stand daraufhin viele Stunden lang vor dem Ding und probierte Mahlgrade aus und redete über Wasserdruck, Crema und ähnlich gähnend langweiliges Zeug und freut sich seitdem ein Loch in den Bauch, wenn wir Besuch haben, der »Ja« sagt auf die Frage, ob er einen Kaffee will. Es muss etwas mit den Schaltern, Hebeln und dem Maschinenartigen zu tun haben, dass die Männer in meinem Bekanntenkreis da

1 zit. aus: FAZ, 08.06.2013, Ursula Heinzelmann, »Ich will einen extremen Extrakt als Abschluss«

so drauf abgehen. – Was der Generation unserer Väter das Auto war, ist heute eben die Kaffeemaschine. So gesehen kommen wir finanziell ganz gut weg.

Wo sie auch alle fallen wie die Fliegen, ist der Grill! Wissen Sie, wie L. und ich früher gegrillt haben? Da wurde im Garten in der alten Schubkarre ein Feuer gemacht und wenn das zur Glut niedergebrannt war, legten wir einen alten Gitterrost drüber. Fleisch drauf, fertig. Das hat super geklappt! Heute steht er zusammen mit seinem Kumpel Holger (genau, der mit den zwei Spülmaschinen) um einen Kugelgrill von Weber, denn ohne Deckel und einem Thermometer zur Messung der Garraumtemperatur im Inneren des Grills geht praktisch nichts mehr. Ich hege gegen den Grill eine persönliche Abneigung, einfach weil man alles, was man in ihm zubereitet, auch im Umluft-Herd zubereiten könnte, und es für »normales« Grillen kein solches Ungetüm braucht. Besonders aber deswegen, weil L. diesen Grill mit in den Urlaub nimmt. Ich kann vermutlich schon froh sein, dass er ihn nachts nicht neben sein Bett stellt …

Das weibliche Pendant zum Kugelgrill ist der Thermomix. Haben Sie den auch? Vermutlich. Ich glaube, jede hat den außer ich. »*Einen Thermomix muss man haben*« kam kurz nach *»einen Dampfgarer muss man haben*« und den habe ich – Überraschung – auch nicht. Ich hab ja schon den ganz normalen Ofen nicht im Griff. Trotzdem war ich mal auf einer Vorführung eines Thermomix', mir wurde nämlich Gratis-Essen inklusive Getränke versprochen und da bin ich leicht zu ködern. Diese Vorführungen sind wie Tupperpartys, finden also in der heimischen Küche einer bereits überzeugten Kundin statt, die dann irgendwas bekommt, wenn sie andere mit diesem Virus infiziert. Die Vorführerin war reizend und tippte mal, dass wir uns alle eigentlich viel lieber gesünder ernähren wollten, woraufhin wir alle an die Pizza vom Abend vorher dachten und nickten. Und dann zauberte sie und wir mit ihr frische Brötchen, einen Salat mit Brokkoli und Tomaten, frische Pasta, Dips und ein unfassbar leckeres Himbeereis. Wir mixten Drinks, sogar Puderzucker stellten wir selbst her! Und zwar innerhalb von Minuten! Ich war so begeistert, ich hätte am liebsten gleich zwei gekauft. Vor meinem geistigen Auge sah ich schon mein neues Leben vor mir: Wie ich mich gesund ernährte, schlank wäre und viel fitter und genauso glücklich wie diese Leute in der Thermomix-Broschüre. Der Preis war das Einzige, das mich von einer spontanen Shoppingtour abhielt. Nicht umsonst sagt man, vor größeren Entscheidungen solle man eine Nacht drüber schlafen … Am nächsten Morgen sickerte nämlich langsam in mein Bewusstsein, dass ich im Leben nie Brötchen machen würde. Und auch keinen Puderzucker. Mich interessiert die Küche nicht, deswegen ist es ja auch L., der bei uns zu Hause den Kochlöffel schwingt. Mir einen Thermomix zu kaufen, wäre ähnlich sinnvoll, wie mir einen

Doppeldecker zu kaufen – die finde ich auch wahnsinnig toll, habe aber nicht die geringste Lust, deswegen Pilotin zu werden. Wer aber gerne tolle Dinge in wenig Zeit zaubert und Puderzucker selbst machen möchte, für den ist so ein Teil vielleicht das Höchste.

Wenn Sie immer noch nicht glauben, dass es im Haushalt genauso Moden gibt wie im Schaufenster von Zara, bitteschön: Wer hat einen Smoothie-Mixer zu Hause? Sehen Sie. Ich kenne den noch als Pürierstab. Aber auch in anderen Bereichen gibt es Trends, zum Beispiel versuchen seit Jahren die Staubsauger-Hersteller DAS neue Ding zu erfinden, und dann kommt so etwas raus wie der beutellose Staubsauger von Rowenta – der ist toll, denn man kann in dem durchsichtigen Behälter endlich den Dreck sehen. Dyson hat auch so einen und beide haben einen ohne Kabel im Programm, also einen Staubsauger mit Akku. Das klingt vielleicht nach einer guten Idee, aber jeder, der permanent ein Akku-Problem mit seinem Handy, seinem Tablet oder seinem Laptop hat, findet das gar nicht sooo verlockend, dass jetzt auch noch das Akku-Problem mit dem Staubsauger dazukommen soll …

Sie sehen: Es gibt jede Menge Moden in Sachen Haushalt, die man ebenso mal auslassen kann, auch wenn sie auf den ersten Blick gut aussehen – bei den Klamotten kriegen wir das ja auch hin. Meistens.

EIN WORT ZUR »WÄSCHE«

»Wäsche« klingt rein akustisch schon genau so unangenehm, wie sie das verdient hat. Eigentlich wäre die ganze Wäsche-Nummer gar nicht so schlimm, wenn es nicht so ein Gehühner wäre, also wenn sich der Prozess einfach nur aufteilte in sauber-getragen-dreckig-waschen-sauber. Das ginge, damit käme ich klar. Tatsächlich teilt sich aber der Wäscheberg bei mir zu Hause in ungefähr eine Million Spilttergruppen, die alle verschiedene Ansprüche haben und nichts miteinander zu tun haben wollen … und da sortieren Sie sich dann einen Wolf, damit nur ja kein Teil durchdreht. Weiß will nicht zu dunkel, Wolle nicht zu Seidigem, niemand will zu den Handtüchern und die Stricksachen haben es nicht gerne heiß. Und schleudern finden sie auch kacke. Zu den neuen roten Socken darf man bloß nichts anderes stecken, sonst laufen alle rosa an, und keine Ahnung, was der schicke Pulli von L. für ein Problem hat, der ist jedenfalls kürzlich auf Puppengröße eingelaufen. Einige Kandidaten, wie zum Beispiel mein Trenchcoat, stehen Wasser generell skeptisch gegenüber und verlangen nach Trockenreinigung, und wenn nach all dem Gezicke um das Waschen endlich alle sauber sind, geht die Diskussion beim Bügeln wieder von vorne los …

Die Vorlieben und Abneigungen der einzelnen Wäschestücke werden außerdem durch Symbole auf den Etiketten selbiger dargestellt und sind in etwa so kryptisch wie altägyptische Schriftzeichen. – Oder hat schon jemals jemand erfahren, was das »P« bedeuten soll? Parken? Problem? Weil ich keinen Bock habe, mich in die Zeichensprache von Wäsche einzuarbeiten und vor der Waschmaschine einen Eiertanz aufzuführen, haben wir zu Hause frei nach Darwin die natürliche Selektion eingeführt: Getrennt wird nach hell und dunkel, und wer das nicht überlebt, stirbt. Somit überleben nur die Teile, die sich unseren Lebensgewohnheiten anpassen, den Trenchcoat ausgenommen, der kommt in die Reinigung, die alte Zicke. Wenn Sie in Ihrer Freizeit auch lieber andere Dinge tun, als sich mit der Pflege von Kleidung zu beschäftigen, übernehmen Sie dieses System ruhig.

WAS »MAN« SO MACHT UND IMMER SO GEMACHT HAT

Das hat man irgendwie so intus, oder? Was »man« so macht? Also auch in Haushaltsdingen? Obwohl einem das niemand explizit beibringt, übernehmen wir ganz viele dieser »man macht das so« von unserem Elternhaus.

Anne zum Beispiel hat immer jede Woche die Bettwäsche gewechselt. Und zwar nicht, weil Anne übermäßig schmutzt, sondern »weil man das so macht«. Sagt Anne. Beziehungsweise hat das ihre Mutter gesagt, während Anne bei ihr aufgewachsen ist, und das hat Anne als gemeingültige Regel inhaliert. Bis Jana eines Tages davon Wind bekam und fragte: »Jede Woche? Ist das nicht ein bisschen hysterisch?« Nachdem Jana aber als objektiver Richtwert in Sachen Sauberkeit nicht über den Weg zu trauen ist, wandte sich Anne an mich: »Findest du das auch? Das macht man doch einmal die Woche!«

Ich überlegte keine Millisekunde: »Nein, macht man nicht. Also ich nicht.«

In der folgenden Unterhaltung darüber, was man macht und was man nicht macht, stellte sich heraus, dass dieses »man« in unseren drei Fällen drei völlig unterschiedliche »mans« sind. Anne findet es zum Beispiel auch total normal, dass man jeden Tag das Badezimmer wischt – »macht man so!« Woraufhin Jana und ich einen Blick wechselten und die Köpfe schütteln.

Die Allianzen sind dabei jedoch höchst wechselhaft. »Fenster muss man nicht putzen, das macht der Regen«, postuliert zum Beispiel Jana, woraufhin Anne und ich die Augenbrauen hochziehen und die Köpfe schütteln. Wenn eine oder die beiden anderen etwas nicht tun, was »man« tut, werden sie außerdem als alte Ferkel bezeichnet, die andere dafür im Umkehrschluss als putzwütig. Es ist recht unterhaltsam, aber es zeigt sich dann noch etwas anderes, nämlich Aufschlussreiches: Wir kommen nämlich alle an irgendeine Sache, bei der wir bemerken, dass wir sie nur auf die eine oder andere Art machen, weil wir sie nie infrage gestellt haben. Anne zum Beispiel antwortet nach einer gewissen Zeit auf die Frage, ob sie davon überzeugt sei, dass es die Verschmutzung der Bettwäsche nötig mache, sie nach einer Woche zu wechseln: »Hm. Eigentlich nicht. Ich dusche ja noch dazu abends und gehe immer blitzeblank ins Bett.«

Wir können sie auch davon überzeugen, dass es für Unterhosen und Geschirrtücher eigentlich keinen Unterschied macht, ob sie gebügelt werden oder nicht. Anne hat das auch ganz automatisch von ihrer Mutter übernommen – und verstehen Sie mich nicht falsch, es kann jeder bügeln, was er will, von mir aus bügeln Sie Ihre Fußmatte vor der Türe und die Ihrer Nachbarn gleich mit – wenn Sie (und die Nachbarn) das wollen. Wenn Sie sich aber eher über viel Hausarbeit und mangelnde Zeit beklagen, dann könnte es sich lohnen, über die Dinge nachzudenken, die »man« so tut, weil »man« die tut, denn es kann sein, dass das eine oder andere daraufhin hinten runter fällt.

Es gibt sogar noch eine Sorte von Dingen im Haushalt, über die es sich lohnt nachzudenken, nämlich die, über die man nie nachdenkt – weil man sie schon immer so oder so macht.

Grandioses Beispiel: Die Hummel wohnt im ausgebauten Dachgeschoss seines Elternhauses, hat dort aber eine richtige Küche und benutzt die auch fleißig. Was er nicht hat, ist eine Spülmaschine. Das ist nicht weiter schlimm, er hat ja keine vierköpfige Familie, die dreimal am Tag eine Garnitur Geschirr verbraucht. Aber die Spülerei und vor allem das Abtrocknen nervt ihn. »Warum lässt du das Zeug nicht einfach auf so einem Gestell abtropfen?«, fragte ich ihn irgendwann, »das trocknet doch von selber«, und daraufhin sah mich die Hummel lange stumm an. »Ja«, nickte er schließlich – »wieso eigentlich nicht?« Die Antwort ist: Er hat schon immer nach dem Spülen den ganzen Schmonz abgetrocknet, es kam ihm einfach nicht in den Sinn, daran etwas zu ändern.

L. hingegen fiel auf, dass ihn der wöchentliche Großeinkauf stresst – aber auf den können wir nicht verzichten, weil wir sonst verhungern. Schon seit wir uns kennen, gibt es den wöchentlichen Großeinkauf, und seit das Kind da ist und öfter zu Hause gekocht wird und wir seltener irgendwo essen gehen (seufz), ist der mit der Zeit noch größer geworden. L. braucht also das Auto dafür, schiebt sich dann mit allen Feierabend-Einkäufern durch den Supermarkt, steht ewig an der Kasse und hasst die Einkäufer vor ihm, auf dem Nachhauseweg hasst er die anderen Verkehrsteilnehmer, findet anschließend keinen Parkplatz vor der Haustüre und schleppt dann das ganze Zeug nach Hause. Schön ist das nicht, keine Frage, aber besser als verhungern allemal. Im Zuge des Alles-in-Frage-Stellens, was einen so nervt an Haushaltsdingen, versucht L. dann auch prompt, den Großeinkauf irgendwie loszuwerden, was aber nicht so leicht ist, weil ich mich konsequent weigere, das zu übernehmen. Und dann hat er schließlich doch noch eine Lösung gefunden, mit der alle zufrieden sind: Er geht mehrmals die Woche einkaufen. Und zwar schlendert er ganz entspannt auf dem Nachhauseweg an irgendeinem Geschäft vorbei, mal beim Gemüseladen, mal beim Metzger, mal beim Supermarkt, und nimmt dort nur mit, was gerade so ansteht für die nächsten ein, zwei Tage. Er braucht das Auto nicht, er muss nicht viel schleppen, er kauft ein, was gerade gut aussieht, und muss nicht beim Einkaufen planen, was es in den nächsten sechs Tagen geben könnte. Ich hätte auch auf diese Lösung keine große Lust, aber L. ist zufrieden. Manchmal trinkt er neben dem türkischen Gemüseladen noch einen Espresso und in der Regel kommt er fröhlich pfeifend nach Hause. Was will man mehr. Gehen Sie doch mal in Gedanken die Dinge durch,

- die »man« tut,
- die man vom eigenen Elternhaus übernommen hat,
- die »man« schon immer so macht,
- und
- die »man« gelernt hat.

Sie werden sehen, es macht nicht alles Sinn.

NICKELIGKEITEN – ODER: DAS KANN NUR ICH »RICHTIG«!

Auch wenn ich L. als grob fahrlässigen Haushaltsmuffel geoutet habe – es gibt jede Menge Paare, die das mit dem Haushalt fair untereinander aufteilen. Du das Bad, ich die Küche, du das Saugen, ich das Wischen, ich die Bügelwäsche und du alles, was mit Müll zu tun hat, und so weiter. Das gibt es, ich weiß das und ich finde das großartig. Trotzdem hängt auch in diesen Fällen oft der Haussegen schief, und zwar gerne deswegen, weil einer der beiden der Überzeugung ist, er wisse genau – und zwar besser als der andere – wie man dieses oder jenes »richtig« macht. Das alleine wäre noch kein Problem, das Problem entsteht erst, wenn das auch kommuniziert wird:

»Du musst den Staub sooo wischen«, und dann kommt eine genaue Erklärung, warum es sooo sein muss. Die Spiegel muss man übrigens mit Zeitungspapier putzen, die Unterhosen sooo falten, und sag bloß, du hast nicht hinter dem Herd gewischt?«

Im Haushalt einer Freundin wird die Spülmaschine aus diesem Grund sogar ZWEIMAL befüllt: zuerst von meiner Freundin, die sich konsequent weigert, das pedantische Befüllungs-System ihres Partners zu übernehmen, woraufhin er alles wieder ausräumt und so einräumt, wie es seiner Meinung nach richtig gehört.

Kannst du dir nicht ausdenken, sowas. Es soll ja Leute geben, die, nachdem ihr Partner den Staubwedel geschwungen hat, mit dem Finger über die eine oder andere Oberfläche fahren, um zu sehen, ob sich dort noch Reststaub befindet – und ich will keine Namen nennen, nicht wahr Ines? Wenn Sie so einen Menschen an Ihrer Seite haben, gibt es zwei Möglichkeiten: Sie halten das aus, machen weiterhin, was Sie für richtig halten und verdrehen heimlich die Augen – oder Sie sagen, dass sich der- oder diejenige in Zukunft besser selbst um das betreffende Streitthema kümmert. Es demjenigen oder derjenigen recht zu machen, können Sie sowieso knicken: Sie kriegen es nie genau so hin, wie es sich der andere vorstellt.

Ich weiß das, denn ich bin da genauso … Am Anfang unserer Beziehung, als die Aufteilung der häuslichen Angelegenheiten noch nicht so knallhart geregelt war und noch Kämpfe ausgefochten wurden, wer was wann macht, gab es auch den Kampf, wer was wann *wie* macht. Hatte L. endlich das Bad geputzt, befand ich, es wäre nicht sauber genug, er saugte nie unter dem Sofa und ich räumte gefühlte drei Millionen Mal die Besteckschublade um – die

Gabeln gehören nun mal in das linke Fach! Ich war nicht zufrieden, L. war nicht zufrieden und beide rollten wir mit den Augen. In unserem Fall half der Deal mit den Hundekacke-Tüten, die ich nun in meinem Leben nicht mehr anfassen muss, und das ist ein Segen, denn: Ich weiß, wenn man versucht, den anderen machen zu lassen, wie er meint, aber währenddessen der innere Monk durchdreht, dann hilft es nichts, sich einzureden, man müsse einfach mal lockerlassen. Wenn Sie nickelig sind und meinen, Sie alleine wissen, wie es richtig geht, bleibt Ihnen nichts anderes übrig, als es selbst zu machen. Dann legen Sie sich lieber einen Hund zu, damit der andere diese Sache mit den Hundekacketüten übernehmen kann.

HAUSHALT MIT TIER

Ein Haushalt mit Tier ist mit einem Haushalt ohne Tier eigentlich nicht zu vergleichen. Das ist so wie ein Haushalt mit Kind – nur dass Kinder irgendwann älter werden und damit vernünftiger. Wenn Sie ein Tier haben, dann ist das so, wie wenn Sie mit einem Kleinkind zusammen wohnen, das für immer Kleinkind bleibt. Selbst wenn das Tier fünfzehn ist, kann es sein, dass Sie nach Hause kommen und feststellen, dass es in Ihrer Abwesenheit alle Zimmerpflanzen aus- statt umgetopft hat. Oder dass Ihr Sofa aussieht, als wäre es explodiert – das ist bei einem fünfzehnjährigen Kind in der Regel anders. Hunde und Katzen nehmen sich da nicht viel: Was ein Hund an Kaukraft zu bieten hat, kann eine Katze damit wettmachen, dass sie auch an die Sachen oben im Regal kommt. Haushalt mit Tier ist sozusagen ein Profi-Level, und nur der unfassbaren Niedlichkeit dieser Tiere ist es zu verdanken, dass sie nicht regelmäßig von ihren Besitzern vor die Türe gesetzt werden.

Wir notieren:

Hunde

- hinterlassen ihre Haare überall;
- sind verantwortlich für einen hund-hohen schwarzen Streifen an der weißen Flur Wand;
- riechen nach Hund;
- machen, dass ihr Körbchen, eventuell Ihr Sofa, und wenn es ganz schlecht läuft, sogar Ihr Bett nach Hund riecht;
- wälzen sich beim Gassi gehen in unaussprechlichen Dingen, woraufhin man sie in der Dusche mit Hundeshampoo wäscht und dann riecht alles oben Genannte nach einer Mischung aus Hund und Hundeshampoo;
- können sich nach dem Gassi gehen keine Schuhe ausziehen, wenn sie die Wohnung betreten;
- bringen mitunter unwillkommene Krabbeltiere mit nach Hause;
- verteilen Teile ihres Futters außerhalb der extra unter dem Fressnapf platzierten Unterlage, egal wie groß diese Unterlage ist.

… die Nummer mit den Zimmerpflanzen, dem explodierten Sofa und den stibitzten Keksen noch nicht mal mitgerechnet. Aber wenn sie schier ausflippen vor Freude, nur weil man nach Hause kommt, ist das alles vergessen.

Katzen

- hinterlassen ihre Haare überall – noch überaller-er als Hunde;
- haben Katzenklos, und egal wie oft die tiefengereinigt werden, weiß man beim Betreten der Wohnung: Es gibt ein Katzenklo;
- beherrschen auch die Sache mit dem Futterreste-Verteilen außerhalb aller Unterlagen;
- kotzen einem eingespeichelte Fellwürste auf den Teppich, in die man vorzugsweise morgens und vorzugsweise barfuß hineintritt;
- schmeißen Sachen runter – und zwar mit Absicht.

  … und haben bei all dem noch eine Attitüde am Leib, die einem suggeriert, dass man froh sein kann, ihnen dienen zu dürfen. Aber wenn sie auf dem Schoß liegen und wohlig schnurren (und kurz bevor sie in den Töten-Modus wechseln und einem die Hand zerkratzen), ist das alles vergessen.

Vögel

- haben Käfige oder Volieren, deren Reinigung ziemlich aufwendig ist;
- sind unter Umständen ziemlich laut.

  … wobei einem zahme Exemplare recht niedlich am Ohr knabbern.

Fische

- haben Aquarien, deren Reinigung ziemlich aufwendig ist;
- kann man nicht mal streicheln.

Ganz ehrlich: Keine Ahnung, warum man die hat!

Egal, welches Tier Sie haben, und wenn es nur der Kompromiss-Hamster für das Kind ist, es ist immer Arbeit. Aber eben auch viel Spaß. Also: Sollten Sie sich ein Tier in Ihren Haushalt holen, dann nehmen Sie wenigstens eins, an dem Sie Spaß haben und das Ihr Herz erwärmt – sonst halten Sie die negativen Punkte der aufgeführten Viecher nämlich nicht aus.

HAUSHALT IST NICHT WICHTIG

Natürlich möchte ich nicht dazu aufrufen, im Müll zu versinken, aber …

Aber wenn Sie mal ins Gras beißen sollten, was hoffentlich noch lange hin ist, dann mögen andere Dinge auf Ihrem Grabstein stehen als:

- Hatte immer eine saubere Wohnung!
- Hat immer frisch gekocht und sich gesund ernährt!
- Konnte bügeln wie niemand sonst!

Überlegen Sie ruhig, was stattdessen auf Ihrem Stein geschrieben stehen soll und an was Ihre Lieben einmal denken werden, wenn sie an Sie denken. Was von Ihnen in Erinnerung bleiben soll und an all die Dinge, mit denen Sie Ihr Leben füllen möchten, Sie haben nämlich auch nur eins. Scheiß auf Wollmäuse.

In diesem Sinne viel Glück! … Und ich hoffe, Sie haben total wenig Zeit für den Haushalt!

Ihre Alexandra Reinwarth